KB179577

진짜 공부 잘하는
아이들의 비밀
집공부

진짜 공부 잘하는
아이들의 비밀
집공부

"SKY로 향하는
올바른 공부법"

봄풀

나는 아이에게 어떤 부모일까?

딸을 너무 사랑했던 아버지는 아낌없이 돈을 들여 텔레비전, 세탁기, 냉장고 등을 구입해 미리 모아두었다. 아이가 장성해서 결혼할 때 혼수로 주기 위해서였다. 10여 년이 지나 딸아이가 결혼할 즈음 아버지가 미리 사둔 혼수품들은 어떻게 되었을까? 최신 가전제품에 비해 성능이 너무 떨어져 고물로 처분해야만 했다.

우리나라의 부모들이 자신의 아이를 위해 많은 돈을 아낌없이 지불하고 있는 지금의 교육도 이처럼 어쩌면 미래의 '고물 혼수품'이 될지 모른다.

교육현장에서 만난 부모들 대부분은 자기 아이들을 사랑했다. 하지만 사랑이 너무 서툴러 첫사랑과 이별을 맞이했던 것처럼, 내가 사랑하는 자녀가 완벽한 사람으로 성장하기를 바라는 욕심 때문에 그것이 때로는 지나친 간섭과 통제로 나타나 아이들의 숨을 막고 자존감을 떨어뜨리는 모습을 종종 목격했다.

아이가 가져야 하는 마음은 '나는 내 힘으로 무엇이든 해낼 수 있는 사람이다!'라는 믿음일 것이다. 부모도 그런 아이가 되기를 바랄 텐데, 그렇다면 통제와 압박이 아닌 정반대의 방법을 취해야만 가능하다.

나는 30여 년을 교사로 재직하면서 담임으로, 학년부장으로, 때로는 상담부장으로 일하면서 아이들의 성장을 지켜봐 왔다. 늘 교육학 이론을 학교생활에 접목시켜 보며 아이들을 관찰했다. 여기의 내용은 모두 그런 현장에서의 실제 경험에서 나온 이야기로, 내가 만난 수많은 아이들의 성장과정을 보면서 발견한 공부 잘하는 아이들의 공통적인 특성을 담았다.

입학사정관 제도가 막 시작되던 시절, 고등학교 3학년 부장으로서 학교에서 모의면접을 기획했다. 당시로선 모두가 공교육에서 할 수 있는 일이 아니라고 말했지만 교과 전문가들이 다 모인 학교이기에 가능하다고 생각했다. 7개 교과의 선생님들께 방송실에서 모의면접에 참여하도록 부탁드렸다. 문을 열고 들어오는 태도부터 교과 관련 질문까지 만들고 녹화해 아이들에게 부족한 점과 보완해야 할 점을 피드백해 주었다. 모의면접 때 받은 질문이 실제 대학의 면접에 나와 소름이 돋았다며 기뻐하는 아이들의 모습이 지금도 눈에 선하다.

교사로 일하면서 주로 학년부장을 맡는 바람에 매일 밤 야간 자율학습을 지도하느라 나는 막상 내 아이들에게는 별로 해준 게 없는 불량엄마였다. 신경 써주지 못한 일들이 많아 늘 미안했다. 그럼에도 아이들은 바쁜 엄마를 이해해 주었고, 스스로 알아서 공부도 열심히 해주었다. 아들은 서울대학교를 나와 외국계 대기업에 다니고 있으며, 딸은 자신의 꿈을 따라 유명 걸그룹 가수로 데뷔했다. 그리고 지금도 더 큰 꿈을 이루기 위해 열심히 노력중이다. 두 아이 모두 자기 인생의 주인으로 살고 있어 너무나 고맙다. 만약 누군가 나에게 아이들 스스로 자신의 인생을 계획하고 주도적으로 살 수 있게 된 비결을 묻는다면 이렇게 말하고 싶다. 아이를 믿어주면 된다고!

어릴 적, 아이의 키를 재보면서 조금씩 성장하는 모습을 함께 즐거워하며 기뻐해 준 경험이 있을 것이다. 눈에 확 띄지 않아도 매일 자라는 키처럼 아이들의 능력도 새로운 배움을 통해 조금씩 성장한다. 발전해 가는 과정에서 칭찬과 격려를 받으면 좋은 결과가 나타날 수밖에 없다.

아이들의 성장과정에 있어 집이 부유하고 가난하고는 미래를 좌우하는 결정적인 요소가 아니다. 부모가 자신을 사랑한다는 사실을 믿는 아이들은 가난하더라도 그 믿음을 바탕으로 무엇이든 해낼 수 있는 힘을 갖게 되고 안정감과 평안함을 유지한다. 반대로 자녀를 온전히 신뢰하지 못하는 부모들은 아이들을 불안하게 만들고, 심리적 안정감과 평안함도 주지 못한다.

부족하지만 이 책을 통해 좋은 사례들을 나눔으로써 우리의 아이들이 행복한 배움을 누리게 되기를, 사랑하는 아이들을 믿고 기다려주는 마음의 여유를 가진 부모가 되기를 바란다. 무엇보다 아이들만 성장하는 것이 아니라 부모도 함께 성장해야만 함께 행복해질 수 있다는 말씀을 꼭 드리고 싶다.

　이 책은 아이들을 키운 경험뿐 아니라 오랜 교직 생활 속에서 나에게 깨우침을 준 많은 아이들(모두 가명을 사용했다)과 선생님들 덕에 나올 수 있었다. 이 자리를 빌어 나와 함께해 준 선생님들과, 이제는 훌륭하고 멋지게 자신의 인생을 찾아가고 있는 모든 아이들에게 감사의 인사를 전한다. 그리고 어설픈 부모 밑에서 밝게 커준 두 아이와 늘 동지 같은 남편은 내 교직생활과 그 이후를 가능하게 해준 일등공신들이었다. 정말 고맙고 많이 사랑한다는 말을 전한다. 또 서로를 위해 기도해 주고 신앙으로 함께 성장하고 있는 교회학교 선생님들과 이 모든 환경을 허락하시고 나에게 이런 일들을 해낼 수 있게 해주신 하나님께 진심으로 감사드린다.

아이를 성장시키는
'엄친모'의 힘

얼마 전 끝난 드라마 〈SKY캐슬〉은 우리 사회에 많은 논란과 질문을 던졌다. 이 드라마가 방영되는 동안 내가 가장 많이 들었던 말은 "저렇게 해야만 서울대를 갈 수 있냐?"는 것이었다. 그럴 수도 있고 그렇지 않을 수도 있다. 하지만 적어도 내 아이들의 경우에는 그렇지 않았다.

우리는 자녀가 누구나 부러워하는 '엄친아'로 성장하길 바란다. 그러면 부모가 어떻게 해야 할까? 먼저 '엄친모'가 되어야 한다. 엄친모여야 아이가 엄친아가 되기 때문이다. 그리고 나는 '엄친모'의 조건을 세 가지로 생각한다.

첫 번째는 자녀에 대해 잘 알고 있어야 한다는 것이다. 학업능력은 어느 정도인지, 흥미를 느끼는 과목은 뭐고 힘들어하는 과목은 뭔지, 어떤 꿈을 갖고 있는지, 고민은 뭐고 친한 친구는 누구인지, 선생님과의 관계는 어떤지 등 가능한 모든 사실에 대해 객관적으로 알고 있어야 한다. 대화나 관찰을 통해 그런 사실들을 빨리 알아차리되 모른 척 시치미를 떼고 가까이 다가가 말을 걸어야 한다. 대화의 바탕은 신뢰로 '나는 언제나 네 편'임을 확신시켜 줘야 한다.

우리 아들의 사춘기는 암울했다. 늘 위태롭게 낭떠러지에 매달려 있었다. 나는 온 힘을 다해 팔을 뻗어 절벽 위로 아들을 끌어올렸다. 하지만 어느새 또다시 절벽 끝에 매달렸다. 희망은 너무 멀어 끝이 보이지 않은 채 아들과 지난한 싸움이 계속되었다. 나는 말로써 편지로써 아들과 끝없이 대화를 이어나갔다. 그 어느 순간에도 대화의 끈을 놓지 않았으며 아들 편에 서서 생각하고 행동했다. 그러면서도 반복적으로 말썽을 부리거나 나쁜 짓을 할 때는 매우 엄격했다. 드디어 창가로 비스듬히 스며드는 아침 햇살처럼 새로운 시간들이 찾아왔고 우리 관계는 점점 더 단단해져 갔다. 나는 비로소 기다림의 의미를 알게 되었다.

'엄친모'의 두 번째 조건은 아이들과 함께 시간을 보내는 것이다. 나는 아이들과 각종 스포츠 활동이나 놀이를 함께 즐겼다. 야외활동뿐만 아니라 실내 스포츠, 계절 스포츠 등 가리지 않았다. 아이들은 피곤에 지쳐 밤 9시가 되기도 전에 곯아떨어졌다. 초등학교 6학년 때까지 그랬다. 성장기에 활발한 신체활동은 건강한

체력뿐만 아니라 학습에도 좋은 영향을 준다. 2~11세 아이들의 활발한 신체활동은 기억을 담당하는 해마와 뇌신경 세포의 활성으로 학습에 도움을 준다는 뇌 과학자들의 최근 연구결과도 발표된 바 있다. 운동은 특히 집중력이 필요한 수학과 과학, 단어 외우기, 논리적 사고에 매우 효과적이다.

둘째인 딸이 중학교에 입학해서 처음으로 중간고사 성적표를 들고 왔다. 초등학교까지는 성적표가 없어 공부를 어느 정도 하는지 도대체 감을 잡을 수 없었다. 성적표를 받아 본 우리 부부는 다소 혼란스러웠다. 급기야 딸에게 "커닝했니?"라고 물었다. 딸아이는 "내가 우리 반에서 1등인데 누구 걸 커닝해?"라고 무심히 대답했다. 이후 딸은 계속 최상위권의 성적을 유지하면서 S대 치의학전문대학원(학·석사 통합과정)에 입학했다. 아들 또한 혹독한 사춘기를 겪었지만 지금은 명문 K대학에서 기계공학을 전공하고 있다.

세 번째는 인생의 선배로서 아이들의 꿈 또는 미래에 대해 함께 고민해야 한다는 것이다. 꿈은 내가 아이들과 가장 치열하게 얘기하는 주제이다. 꿈에 따라 미래 설계나 학업 방향이 달라지기 때문이다. 아이들의 미래는 우리가 살아 왔던 세상보다 훨씬 더 낯설고 험난한 여정이 될 것이다. 따라서 아이들의 더 나은 삶을 위해 무엇을 준비해야 하는지 함께 공부해야 한다. 아이들이 자라는 만큼 부모도 성장해야 한다. 그렇지 않으면 아이들은 대화 창에서 '나가기' 버튼을 눌러 버린다.

손지숙 선생님과의 인연은 올해로 8년째이다. 딸은 늘 조용하고 말이 없는 편이어서 학업보다는 교우관계가 더 걱정스러웠다. 일이 있을 때마다 학교를 방문해 선생님을 뵙고 여러 이야기를 나누었다. 딸아이가 다니던 일반고등학교는 대학에 지원할 수 있는 전형방법도 다양할 뿐만 아니라 대학입시에서 요구되는 것들이 제법 많았다. 손 선생님은 교육, 특히 대학입시의 전문가로 내가 질문할 때마다 거침없이 답을 주셨다. 책에 나오는 대부분의 이야기들은 딸아이가 실천했던 내용들이다.

나는 한 번도 입시를 경험하지 않은 부모나 입시를 앞둔 부모님들께 내 딸아이를 가르쳤던 손지숙 선생님의 이 책을 적극 추천한다. 특히 어린 자녀가 있는 부모님들이 많이 읽었으면 좋겠다. 부모에게 꼭 필요한 교과서 같은 이 책은 자녀를 둔 부모가 궁금해하는 모든 질문에 답하고 있기 때문이다. 그것도 신뢰할 만한 선생님의 모범 답안으로 말이다.

김명기 (고려대 국제스포츠학부 교수, 고려대 미래인재개발원장)

차례

지금은 집공부 시대
그 아이는 어떻게 성적이 올랐을까?

집공부 능력자 되기
아이의 공부습관, 바꿀 수 있을까?

집공부 능력자의 사소한 습관
공부 잘하는 아이들은 어떤 습관이 있을까?

Chapter 03

공부 잘하는 아이를 원한다면

부모는 무엇을 도와야 할까?

Chapter 04

killer Contents

잘못 알고 있는 것과 궁금한 것들
나는 무엇을 오해하고 있을까?

맺음말 ■ 우리 애는 착한데 친구를 잘못 사귀어서…

지금은
집공부 시대

그 아이는 어떻게
성적이 올랐을까?

달라진 교육,
남다른 생각

"저는 별다른 비법 없이 학교 공부만 충실히 했고요. 학원이나 과외 같은 건 받지 않고 집에서 공부했어요. 그냥 교과서 내용만 여러 번 반복해서 복습했을 뿐입니다."

수능 성적표가 나오는 날, 최고 성적을 거둔 아이들의 한결같은 인터뷰 내용이다. 특별한 비법이 있나 싶어 열심히 경청한 사람들은 이런 말을 들으면 참 허탈하다. '누구는 학교 공부 충실히 안 했나?' 하는 불만과 함께 뭔가 다른 특급비법이 있으면서도 속이고 있다는 생각까지 하게 된다. 아니면 '그럼 그렇지.' 하며 그냥 의례적인 말로 치부해 버리고 만다.

하지만 오랜 교직생활 동안 공부 잘하는 많은 아이들을 가까이서 지켜보았고, 내 아이를 남들이 부러워하는 최상위권 대학에 보낸 경험에 의하면 나는 인터뷰 내용에 공감할 수밖에 없다. 실제로 내가 본 우등생들은 생각보다 그렇게 특별한 비법이 없었으니 말이다. 다만, 그런 게 있다면 자신에게 알맞은 공부방법을 찾아내 목표의식을 가지고 성실히 해내는 것과 그들이 공통적으로 갖고 있는 특징뿐이었다.

우등생들의 특징은 크게 두 가지로 나눌 수 있다.

첫 번째는 생각하는 능력이 있다는 점이다. 그저 배운 대로 외우고 문제만 푸는 아이들이 아니다. 문제 해결력을 넘어 문제를 발견할 줄 안다. 주어진 문제를 해결하는 것은 물론, 다른 문제점과의 상관성을 발견하고 적용하는 능력이 있다. 그래서 하나를 가르치면 열을 안다는 말이 나온 게 아닌가 싶다.

두 번째는 스스로 공부하는 자기주도력이 있다는 점이다. 자기주도학습은 자신에 대한 신뢰에서 나오는데, 이는 내가 공부한 것을 어딘가에 써먹을 수 있다는 확신에서 비롯된다. 그리고 공부한 내용이 시험문제로 나와 좋은 결과를 얻는 성공의 경험이 쌓일수록 자기주도력은 강해진다.

또 자기주도력이 있는 아이는 시간을 효율적으로 관리한다. 하루 일정이 복잡하지 않고 단순하다. 수업시간에 집중하고, 방과 후에는 그날 배운 것을 복습하며, 다음날 배울 내용을 미리 읽는다. 그날 배운 걸 그날 다 정리하니 다음 진도를 나가는 데 어려움이 없다.

　대한민국 부모들은 모두 아이가 자기주도학습을 하기 원한다. 그러면서도 아이들이 스스로 할 때까지 내버려 두지 않고 끊임없이 간섭한다. 게다가 유명강사에게 자기주도학습법을 배우려고까지 한다. 부모가 자기주도학습법을 배워 타율적으로 아이에게 시키는 나라가 우리나라 외에 또 있을까?

　오랫동안의 교육현장 경험을 바탕으로 나는 아이들이 우수한 성적을 거둘 수 있는 방법을 알게 되었다. 그런 능력은 학교와 학원, 과외 등을 통해 배울 수 있는 게 아니라 집에서 공부습관으로 잡아주어야 하는 것이었다. 그래서 난 이 두 가지를 키워주는 공부습관을 '집공부'라고 부른다. 그리고 집공부 능력자가 되어야 좋은 성적을 받을 수 있고, 원하는 학교에 진학하며, 원하는 직업을 갖고 행복하게 살 수 있다.

성적은 안 오르고 돈만 쓰는
악순환에서 벗어나는 집공부!

　동네에서 장난꾸러기 아이들이 에스컬레이터를 거꾸로 타는 모습을 본 적이 있다. 내려가는 에스컬레이터를 타고 거꾸로 올라오는 것이었다. 계속 내려가는 에스컬레이터 위를 애써 뛰어 오르는 아이들을 보고 깜짝 놀랐다. 다칠까 염려되었기 때문이었다. 그 아이들이야 재미 삼아 그랬겠지만…….

학교에는 이처럼 힘겹게 '에스컬레이터를 거꾸로 오르듯' 생활하는 아이들이 많다. 밤늦게까지 학원을 전전하다가 정작 수업시간에는 맥을 못 추고 잠에 빠져든다. 중요한 수업 내용을 듣지 않으니 성적이 오르지 않고 선생님과의 관계도 좋지 않다. 그렇게 악순환의 고리에 빠진다. 참 안타깝고 걱정스럽다.

아이들이 학원이나 과외 등으로부터 벗어나지 못하는 데는 여러 가지 이유가 있다. 그중 첫 번째를 꼽으라면 '혼자 공부를 하자니 불안한데다, 공부를 하려 해도 무엇을 어떻게 해야 할지 모르기 때문'이 아닌가 싶다. 게다가 학원을 다니면서 친구들보다 더 많은 선행학습을 해야 경쟁에서 이길 수 있다는 착각과 최소한 남들이 하는 만큼은 해야 한다는 부모의 불안감도 한몫한다.

하지만 여기서 말하는 집공부 방법을 배우면 사교육에 대한 이런 자세도 바뀔 수 있다. 집공부를 통해 생각하는 힘과 자기주도력을 갖춘 아이는 사교육을 받더라도 그것에 맹목적으로 의지하는 게 아니라 자신이 필요한 부분에 적절히 활용한다. 부모는 교육비가 절감되어 좋고, 아이는 불필요한 에너지를 소모하지 않아 좋다.

아이들에게는 학교에서 배운 것을 자기만의 방법으로 소화하여 익숙해지는 시간이 필요하다. 그런데 방과 후 저녁 혹은 밤늦게까지 학원을 다니게 되면 자기만의 공부시간을 갖기가 어렵다. 공부시간이 없으니 성적이 오를 리 없다. 분주히 왔다 갔다 하느라 몸은 피곤하고 돈만 낭비할 뿐 그만큼의 성과는 나지 않는다.

집공부 방법은 학원, 과외 등에서의 공부에 비하면 소박하기 짝이 없다. 내가 집공부를 '집에서 차린 소박한 밥상'에 비유하는 이유가 거기에 있다. 매일 밥상을 차리는 게 번거롭고 힘든 일임은 분명하지만, 그렇다고 외식을 계속하면 비용도 비용인데다 자신도 모르게 선호하는 음식만 계속 먹게 되어 영양의 불균형을 초래할 수 있다. 그러면 이때의 과다비용과 영양의 불균형을 해결하려면 어떻게 해야 할까? 간단하다. 집밥을 주로 먹으면서 외식이나 배달음식은 가끔씩만 시켜 먹으면 된다.

학원도 마찬가지다. 마치 그것이 전부인 양 학원에만 의지하지 않아야 한다. 아이 스스로 공부하는 게 가장 중요하다. 중심은 스스로 하는 공부여야 하고, 사교육은 아이가 부족하거나 어려워하는 부분을 거드는 형태가 되어야 한다.

이러한 집공부는 아이로 하여금 생각하는 힘을 키워 성적을 향상시킬 뿐만 아니라 살아가는 데 꼭 필요한 지식과 지혜를 얻는 데에도 도움을 준다. 부모와 아이 모두 힘들고 괴로운 타율적 공부가 아닌, 모두가 행복한 자기주도학습은 그래서 필요하다. 그리고 자기주도학습을 하려면 아이 스스로 필요성을 인식하고 공부를 계획해 실천해야 한다.

공부습관은 학교 또는 사교육에서 가르쳐주기 힘들다. 이 같은 공부습관을 집에서 잡아주는 일은 부모로선 좀 부담이 될 수도 있다. 그럼에도 어릴 때부터 차근차근 습관을 들이도록 하면 나중에는 알아서 스스로 공부하기 때문에 부모의 역할도 훨씬 더 수월해진다.

학부모들에게 집공부하는 방법을 알려주면 힘들 것 같다며 먼저 걱정부터 한다. 하지만 부모가 일일이 참견하는 게 아니라 아이의 공부습관을 가이드하면서 습관이 잘 자리 잡을 수 있도록 지켜봐 주고, 믿어주고, 응원해 주는 것일 뿐이므로 생각보다 어렵지 않다. 밥상을 자주 차리다 보면 살림에 요령이 생기는 것처럼, 집공부도 꾸준히 하다 보면 숙련될 뿐만 아니라 자기만의 비법이 생기게 된다. 차근차근, 꾸준히 하면 된다.

지금은 집공부 시대

현재 부모의 위치에 있는 이들이나 그 윗세대 부모들의 학창시절에는 주로 많은 지식을 암기하는 식의 학습방법이 필요했고, 그게 어느 정도 효과를 발휘했던 것도 사실이다. 그 덕에 우리나라가 세계 최하위 빈국에서 세계인이 놀랄 정도로 눈부신 성장을 한 것도 맞다.

하지만 이젠 시대가 달라졌다. '구글 안에 이 세상에 없는 지식이 없다.'는 말이 있을 정도로 인터넷을 검색하면 궁금했던 모든 것을 알 수 있는 세상으로 변했다. 그런데도 생각보다 많은 부모들이 아이에게 과거 자신이 해왔던 공부방법과 경험을 강요한다. 교육당국에서는 달라진 시대에 맞게 교육정책의 변화를 시도하고 있지만 갈 길이 아직 너무나 먼데다, 부모들마저 예전의 방식을 내려놓지 않음으로써 시대의 변화에 제대로 대응하지 못하고 있다.

2016년 사망한 세계적인 미래학자 엘빈 토플러가 2012년 심포지엄에서 한 말이 있다.

"한국에서 가장 이해하기 힘든 일은 교육이 정반대로 가고 있다는 점이다. 한국 학생들은 하루 15시간 이상을 학교와 학원에서 자신들이 살아갈 미래에 필요하지 않은 지식을 배우기 위해, 그리고 존재하지도 않을 직업을 위해 아까운 시간을 허비하고 있다."

PISA(학업성취도 국제비교연구)에 의하면, 미래핵심역량은 '활용능력, 협업능력, 자율적 행동능력'이라고 한다. 이를 예견하기라도 한 듯 교육 선진국들에서는 꽤 오래 전부터 '지식을 실생활에 활용하는 수업, 친구들과 협력해 과제를 해결하는 수업, 자발적인 배움을 일으키는 문제 해결식 프로젝트 수업, 토의토론식 수업'을 진행해 오고 있다.

과거에는 타고난 천재나 대가(大家)를 인재로 꼽았다면, 현대의 인재는 역량을 갖추는 게 중요해졌다. 역량이란 자신이 가지고 있는 지식 등을 기반으로 어떤 일을 해낼 수 있는 힘, 즉 어떤 일을 수행할 수 있는 능력을 말한다. 이제는 단순히 문제를 잘 푸는 능력보다 남들이 접근하지 않은 방법을 생각해 내는 능력이 중요해졌다는 말이다. 그러려면 익숙한 문제를 많이 푸는 시간보다 익숙하지 않은 문제에 대해 깊이 생각하는 사색의 시간이 더 중요하다. 그리고 그것이 바로 집공부가 추구하는 방향이기도 하다.

부모가 아이에게 공부를 하라고 요구하는 이유는 결국 아이가 행복하게 살기를 원하기 때문이다. 그런데 행복한 삶은 자신이 스스로 앞길을 개척하고 원하는 삶을 꾸려나갈 때 가능하다.

아이로 하여금 생각하는 힘과 자기주도력을 갖추고 스스로 공부하면서 변화하는 세상에 맞는 능력을 키울 수 있도록 준비시키는 일, 부모와 아이 모두가 행복한 집공부, 이제부터 하나씩 풀어보자!

문제 해결력을 넘어
'문제를 발견하는 아이'

한 청년이 버스 정류장에 붙은 버스 노선도에서 문제점을 발견했다. 노선도에 버스의 진행방향을 알리는 화살표가 있다면 누구나 헷갈리지 않고 버스가 가는 방향을 쉽게 알 수 있을 텐데 그렇지 않았던 것이다. 버스 노선도를 보면서 헷갈릴 때마다 그는 '노선도에 화살표로 버스의 진행방향을 알려주면 사람들이 거꾸로 버스를 타는 문제를 예방할 수 있지 않을까' 생각했다. 바로 '화살표 청년'으로 불리며 유명해진 이민호 씨다.

누가 시킨 것도 아니건만, 그는 그 문제를 해결하기 위해 문구점에서 빨간색 화살표 스티커를 사서 정류장을 돌아다니며 하나 둘 붙이기 시작했다. 좀 더 빨리 그리고 많이 붙이기 위해 하루 10시간씩 자전거를 타고 다니며 스티커를 붙였다. 문구점에서 산 스티커가 비나 눈 등 물이 묻으면 쉽게 떨어져 버리자 자기 돈을 들여 화살표 스티커를 만들었다. 그렇게 곳곳의 정류장을 돌며 스티커를 붙이는 모습이 사진과 동영상으로 찍혀 인터넷에 오르내리면서 '화살표 청년'이라는 이름으로 알려지게 되었고, TV에까지 소개되면서 유명세를 얻었다.

보상을 바라거나 유명해지려는 의도를 갖고 시작한 일이 아니었다. 하지만 그는 그 뜻에 공감한 많은 사람들로부터 격려와 칭찬을 받았고, 서울시로부터 상도 받았다. 지금은 한 대기업에서 일을 하고 있는데, 그 회사는 그의 자발적 봉사활동에 감동을 받아 입사를 제안했다고 한다.

'시키지 않은 일'을 즐거워하는 아이들

2016년 3월 30일, SBS 〈영재발굴단〉에서는 "역대급 수재"라며 기억력 영재 이준혁 군을 소개했다. 학급 1등으로 우수한 성적을 지속적으로 유지하고 있는 준혁이는 별도의 영재수업을 들을 정도로 머리가 좋았다. 열세 살 나이임에도 불구하고 하버드 대학에 들어갈 수 있을 정도 수준의 두뇌라고 했다.

준혁이는 자신의 생각을 담아 대전 지하철 신 노선도를 만들어

대전시에 전달했다. 그걸 본 공무원들이 준혁이에게 감탄을 했는데, 그 이유는 준혁이가 만든 대전 지하철 노선도가 자신들이 계획한 중요 지점과 일치했기 때문이다. 교통체계와 유동인구의 흐름 등을 정확히 이해하고 있어야만 만들 수 있는 노선이었으니 놀라는 건 어쩌면 당연한 거였다.

준혁이는 서울 지하철 노선도를 보며 "지하철 타는 걸 좋아하고, 지하철에 관심이 많다. 지하철역을 다 외우고 있다."고 하더니 지하철 노선도를 기억해 똑같이 그려내기도 했다. 노선도뿐만 아니라 지하철이 지나가는 시간까지 정확히 기억했다. 그런 준혁이를 본 상담 전문가는 말했다.

"준혁이는 정보처리 속도가 우수할 뿐만 아니라 작업 기억 능력도 같이 우수하다. 이런 것들을 기억되는 대로 그냥 두는 게 아니라 흥미를 갖고 유지하기 위해 두 번, 세 번 반복하면서 장기 기억으로 유지될 수 있도록 길러진 영재로 보인다."

그렇다면 준혁이는 지하철 노선도를 어떻게 그렇게 잘 알고 있는 것일까? 부모가 보여준 모습에서 알 수 있었다. 아이가 지하철을 너무 좋아하자 그 호기심을 충족시켜 주기 위해 집을 지하철과 가까운 곳으로 이사하고, 방과 후에는 혼자 지하철을 타고 수시로 다녀보기를 허락했다는 것이다.

부모의 그런 도움을 받은 준혁이는 지하철에 대한 호기심을 마음껏 충족할 수 있었다. 노선도를 보며 지리를 파악하고, 역간 거리를 파악하며 수학적 감각을 키우고, 역마다 옛 지명과 관련된 역사와 한자도 공부했다. 지하철 노선 하나로 여러 분야의 공부를 한 것이다.

이민호 씨와 준혁이의 공통점은 무엇일까? 바로 '시키지 않은 일'을 진심으로 즐거워하며 했다는 부분이다. 자신이 좋아하는 일이었기에 누가 시키지 않아도 자발적으로 할 수 있었고, 문제점을 발견해 해결방안까지 제시할 수 있었던 것이다. 지금 이 시대가 기다리는 인재는 바로 이런 사람들이다.

우리는 그동안 단지 문제를 잘 푸는 사람으로 아이를 키우려 했다. 정해진 문제영역에서 정해진 해법으로 문제를 풀어내는 사람 말이다. 하지만 더 이상은 아니다. 인공지능(AI)이 인간들의 직업 상당수를 대체하리라 예측되는 지금, 우리에게는 전혀 새로운 관점의 인재관이 필요하다. 남들이 못 보는 문제를 발견하고 해결할 줄 아는 통찰과 창의력을 가진 사람, 이런 사람이야말로 인공지능에 끌려가지 않을 뿐만 아니라 오히려 지배하고 시대를 주도하는 인재인 것이다.

문제를 발견해 낼 수 있는 아이로 키우려면 먼저 아이 스스로 관심이 가는 뭔가를 찾고 몰두할 수 있는 환경을 만들어 주어야 한다. 어떤 부모들은 아이가 밥도 안 먹고 자기가 관심을 가진 것에만 빠져 있다며 걱정한다. 하지만 이는 걱정은커녕 오히려 좋아해야 할 일이다. 뭔가에 신나서 몰입할 줄 알아야 좋은 성과를 낼 수 있고, 그 분야의 전문가도 될 수 있기 때문이다. 아이가 자신이 좋아하는 일에 몰입하고 있다면 맥을 끊지 말자. 배가 고프면 밥은 먹게 되어 있다.

아이가 자신의 관심사에 마음껏 집중할 수 있고, 그 안에서 작게라도 성공을 맛볼 수 있게 해주어야 한다. 하다못해 게임을 해서 이기거나 자신이 만든 요리가 맛있다는 사소한 칭찬도 좋다. 사소한 일이라도 잘하는 걸 잘한다고 인정해 주면 아이들은 스스로 재미를 느끼고 더 파고들게 된다.

문제를 발견해 낼 수 있는 아이로 키우는 두 번째 방법은 아이의 지적 호기심을 충분하게 인정해 주는 일이다. 지적 호기심은 수많은 질문으로 표출된다. 질문을 통해 스스로 생각하고 행동하며 스스로 답을 찾아간다. 그러므로 부모는 아이의 다양한 질문을 귀찮아하지 말고 잘 수용해야 한다. 그리고 아이가 좌충우돌하면서 답을 찾기 위해 노력하는 시간을 기다려 주어야 한다. 물론, 아이와 함께 그 과정에 동참하는 것도 매우 좋은 방법이다.

책상 앞 시간을 줄이고
경험을 쌓게 하자

"네 아들 지금 우리 아파트 앞에서 뭐하고 있나 와서 봐라."

한밤중에 갑자기 친구의 전화가 걸려왔다. 우스워 죽겠다는 듯 깔깔거리는 친구의 목소리에 정신이 번쩍 들었다.

'한겨울 살이 에이는 듯한 추위에, 눈까지 쌓인 밤에 우리 아들이 도대체 남의 아파트 앞에서 뭘 하고 있는 걸까?'

부랴부랴 달려가 보니 아들이 친구 두 명과 손수레를 앞에 놓고 군고구마를 팔고 있었다. 나는 아이들의 눈에 띄지 않게 숨어 몰래 지켜보았다. 손수레에는 "한 개라도 정성껏 배달해 드립니다."라는 문구와 함께 핸드폰 번호가 적혀 있었다. 날이 얼마나 추운지 셋이 발을 동동 구르며 불을 쬐고 있는 모습을 훔쳐보다 슬그머니 집으로 돌아왔다.

한참 후 집에 온 아들에게 왜 군고구마 장사를 했는지 물었다.

"경제시간에 배운 수요와 공급 법칙을 확인하고 싶었거든요."

겨울에는 군고구마를 찾는 사람이 많을 것 같은데, 거리에 군고구마 파는 사람이 없다는 사실을 발견하고, 군고구마 장사를 해 수요와 공급의 법칙을 체험해 보려 했다는 것이다. 하지만 한 달 손수레 임대료 20만 원에 고구마 원가를 제하고 나니 별로 남는 장사는 아니었단다.

이익을 많이 남기거나 성공하지는 못했지만 어떻게든 자신들의 궁금증을 해결하려는 열정이 느껴졌다. 아마 시켜서 하는 일이었다면 그 매서운 추위를 견디지 못했을지도 모른다. 아이들은 한 개라도 정성껏 배달한다는 고객 감동 마인드를 내세웠는데, 정말 한 개만 배달해 달라는 주문이 많이 들어와 힘들었다고 했다.

"이리저리 왔다 갔다 하는 수고에 비해 이익이 별로였어요. 다음에는 수익모델이 더 분명한 일을 해봐야 할 것 같아요."

아들과 친구들이 체험을 통해 실제로 얻은 교훈이었다.

4차 산업혁명은 우리가 살고 있는 이 세상에 큰 변화를 예고하고 있다. 인공지능의 영향으로 지금은 좋은 직업으로 꼽히는 직업들도 미래가 불확실하다고 한다. 앞으로는 전혀 경험해 보지 못한 것과 씨름하게 될 가능성이 높은데다, 책으로만 아무리 배워도 변화의 속도를 따라가기 힘들 거라고 한다. 또 2035년 이후에는 미래학자들조차도 엄청나게 빠른 변화에 5년 뒤도 예측하기 어렵다고들 한다.

그러면 이 같은 빠른 변화의 속도에 적응하기 위해서는 어떻게 해야 할까? 전혀 경험해 보지 못한 새로운 문제를 다루어 보고 해결해 보려는 연습이 필요하지 않을까? 내가 추운 날씨에도 큰 수익이 나지 않는 장사를 하는 아들을 내버려둔 이유도 바로 이 때문이다. 공부는 책상 앞에서만 하는 게 아니다. 책 속 지식도 중요하지만 그보다 직접 몸으로 부딪쳐 배우는 경험이 더 중요하다.

사회는 지금 전반적으로 변화에 대해 준비하고 있고 학교 교육도 큰 틀에서 변화를 시도하고 있다. 부모들만 여전히 변화를 잘 받아들이지 못한 채 혼란스러워할 뿐이다. 빠르게 변화하는 환경 속에서 부모들은 여전히 아이들에게 자신들이 경험했던 세계를 자꾸 강요하고 싶어 한다. 자신이 아는 방식으로 공부해야 마음이 놓이기 때문이다.

아이들에게 과거의 공부 방식을 강요하지 않고, 좋아하는 일에 몰두하게 하면서 스스로 생각할 수 있는 시간과 기회를 허용해 주는 것, 그것이 부모가 해야 할 가장 중요한 일이다. 새로운 문제를 스스로 여러 번 해결해 본 경험이 있는 아이들에게는 변화무쌍한 미래가 불안하지 않기 때문이다.

집에서부터 내 아이의 특성을 잘 파악해 아이가 관심을 가지는 분야, 궁금해하는 부분에 함께 관심을 가져 주고 호응해 주자. 새로운 경험을 자꾸자꾸 해볼 수 있는 환경을 만들어주고, 어떤 일이든지 스스로 문제를 해결해 나갈 수 있도록 격려해 주자. 김치도 숙성되어야 맛있는 것처럼, 우리 아이도 '시행착오'라는 숙성기간을 응원해 주자!

스스로 공부하는
자기주도력!

나는 고등학교 자율학습 감독으로 활동할 때가 많아 매일 저녁 10시가 넘어서야 퇴근하는 엄마였다. 초등학교 때부터 아이들 준비물을 챙겨주지 않았다. 제대로 챙기지 못할 환경이기도 했지만, 스스로 선생님 말씀을 기억해 자신이 준비해 가는 연습이 쌓여야만 책임감이 생긴다는 생각에서였다. 그런데 어느 날 저녁, 아들이 학교로 전화를 해왔다.

"엄마, 산가지가 뭐예요?"

"산가지가 뭐야? 엄마도 모르겠는데? 왜?"

"내일 산가지 100개 준비해 오라는데 뭔지 몰라서요."

"산가지가 나뭇가진가? 잘 모르겠네……. 친구들한테 물어봐."

회의에 들어가느라 나는 아이에게 제대로 대답을 못했다. 사실은 산가지가 뭔지 나 역시 몰랐다. 퇴근해서 집에 가보니 현관 입구 큰 비닐봉지 속에 나뭇가지가 수북이 들어 있었다. 아이가 모아 놓은 것이었다. "산가지가 나뭇가진가?"라는 내 말에 아이는 아파트 주변을 뛰어다니며 조그만 나뭇가지를 주워 모았고, 그 모습을 본 경비 아저씨가 도와주셔서 간신히 100개를 채웠단다. 그리고 다음날 자랑스럽게 100개의 나뭇가지를 갖고 등교했으니, 그걸 본 선생님은 기가 막혀 쓰러질 수밖에……

나중에 보니 산가지는 숫자 100을 세기 위한 학습도구로, 플라스틱 빨대를 잘게 잘라 만든 것이었다. 또 산가지를 비롯한 학교 준비물들은 문구점에 다 있고, 그걸 사기만 하면 된다는 것도 알게 되었다. 부모의 도움을 받지 못한 아이가 스스로 준비물을 챙기려다 일어난 해프닝이었다. 그 후 아이는 준비물이 있으면 집에 오는 길에 문구점에 들러 사 가지고 오는 습관이 생겼다.

방임과 방목은 다르다

우리나라 부모들은 아이가 자기 할 일을 알아서 척척 해내기를 간절히 염원한다. 나 역시도 마찬가지다.

나는 주위로부터 아이를 어떻게 키웠냐는 질문을 받을 때마다 '방목'했다고 말하곤 한다. 어떤 일에서든 큰 틀만 제시해 주고, 그 안에서 자신의 의지대로 하게 했다는 뜻이다. 공부를 비롯해 자신의 일을 스스로 할 수 있는 '자기주도력'을 키우기 위해서는 그럴수 있는 환경을 조성해야 하는데, 난 그게 바로 '방목'이라고 생각한 것이다. 부모가 일일이 참견하지 않는 상태에서 아이가 자신의 일을 알아서 하는 것 말이다.

하지만 가끔 방임적 양육태도를 방목이라고 생각하는 사람들이 있다. 방임은 부모가 큰 틀조차 제시하지 않고 아이를 내버려둔다는 뜻이다. 부모는 아무것도 하지 않은 채 아이에게 모든 걸알아서 하라는 건 방임이지 방목이 아니다. 내가 초등학교 저학년 아들이 준비물을 챙기는 데 아무런 도움을 주지 않은 것도 방임이지 방목이 아니었다. 산가지가 뭔지도 모르는 아들에게 스스로 알아서 해야 한다는 명분을 앞세워 거의 관심을 갖지 않았고, 아이야 어떻게 하든 내버려두었다. 최소한 산가지가 무엇인지 함께 알아보고, 이후에 스스로 준비할 수 있도록 해야 했는데 말이다.

부모가 방목과 방임을 구분하는 건 생각보다 쉽지 않다. 아이를 어디까지 가이드해 주어야 하는가, 어느 선까지 아이에게 자유롭게 행동하도록 허용하는가의 문제이기 때문이다. 좌충우돌하는 아이를 지켜보면서 스스로 헤쳐 나가도록 두는 것보다 개입해서 해결해 주는 게 부모 마음에는 편하다. 하지만 그래서는 아이의 자기주도력이 절대 자라날 수 없으므로, 부모가 큰 틀을 잡아주고 그안에서 아이가 스스로의 의지대로 행동하도록 해야 한다.

방임과 방목에는 본질적인 차이가 있다. 방목은 원칙이 있는 허용을 말하고, 방임은 원칙 없이 무조건 내버려 두는 걸 말한다. 예를 들어, '오늘 학교 숙제는 오늘 안에 하기'라는 큰 틀을 세워두고 몇 시에 숙제를 하든 개입하지 않는다면 방목이다. 반면, 숙제를 하든 말든 아예 신경을 쓰지 않는 것은 방임이다.

아이의 생활에서 큰 틀(원칙)을 잡아준 후 그 안에서 자율성을 부여하는 것. 이것이 바로 방목이다. 그리고 자기주도력은 방임이 아닌 방목의 환경에서 키워진다.

자기주도력의 시작, 스스로 해결하도록 미션 부여하기

"요즘이 어떤 세상인데 그런 곳으로 소풍을 가려고 해요?"

내가 고등학교에서 학년부장을 맡아 아이들을 데리고 ○○랜드로 소풍을 다녀오겠다는 말에 교장 선생님이 역정을 내셨다.

"교장 선생님! 진로체험이 가능한 곳으로 가라고 하셨잖아요. 그곳만큼 다양한 직업과 진로를 체험할 만한 곳이 또 있나요? 다녀와서 전교생이 한자리에 앉아 자신들이 하고 싶은 직업과 관련한 프로젝트 발표대회를 할게요. 믿고 보내주세요."

간신히 교장 선생님을 설득해 ○○랜드로 소풍을 갔다. 그곳에 도착한 나는 아이들에게 몇 가지 주의사항을 일러준 다음, 그곳에서 무엇을 하든 '자기가 하고 싶은 일(직업)과 연관 지어 생각해 보라.'는 미션을 주었다.

나는 아이들이 이 미션을 어떻게 해낼지 정말 궁금했다. 아이들은 삼삼오오 떼를 지어 다니며 놀이공원을 탐색했고, 다녀온 후에는 교장 선생님께 약속한 대로 발표회를 열었다.

물리학을 공부하고 싶은 아이는 놀이기구를 분석해 회전축의 원리에 대해 이야기했고, 경영학을 공부하고 싶은 팀들은 셋으로 나눠 슬러시 파는 가게들을 돌아보고 왜 같은 물건을 파는데 손님이 많고 적은지 분석한 자료를 내놓았다. 의상디자인을 공부하고 싶은 여학생 넷은 각각 다른 길목에서 지나가는 젊은 여자들의 옷차림을 분석했는데, 청바지를 입은 여자들이 대부분일 거라 생각했다가 짧은 미니스커트 차림이 78%였다는 놀라운 결과에, '데이트 코스라 여성스러운 옷차림을 한 것 같다.'며 나름의 해석을 내놓았다. 사회복지사를 희망하는 친구는 장애인 화장실이 편리하게 잘되어 있는지 관찰한 후 어떻게 화장실을 개선해야 좋을지 의견을 제시했다.

박물관이나 전시관에 가도 아무것도 배우지 못하고 시간만 때우다 오는 아이들이 많다. 그곳에 아무리 좋은 자료가 많아도 거기서 자신이 뭔가를 배우려는 목표가 없다면 큰 의미가 없다. 반대로 신나게 노는 공간인 놀이공원에 갔다 해도 분명한 목표가 있다면 배울 거리는 수없이 많이 발견할 수 있다. 위의 사례 '자기가 하고 싶은 일(직업)과 연관 지어 생각해 보기'를 통해 아이들 스스로 주변에 다양한 직업이 존재하고, 연구할 거리들이 많다는 사실을 깨닫게 된 것처럼 말이다. '어디를 가느냐'보다 '왜 가느냐'가 더 중요한 이유는 바로 그 때문이다.

부모가 아이를 학원에 보낼 때도 마찬가지다. 가야 할 학원과 과목을 지정해 주는 것보다 "매월 ○○만 원 범위 안에서 네가 배우고 싶은 걸 고민해 봐."라면서 아이 스스로 배우고 싶은 것을 생각해 보고 결정하게 해보자. 아이는 배움에 더 적극적으로 임할 것이다. 그러한 교육은 효용도가 높다. 배우고 싶은 마음이 없는 아이를 부모가 일방적으로 결정해 시켜봤자 성적은 좋아지지 않는다. 부모의 의지가 아무리 드높아도 해내는 것은 결국 아이들 몫이기 때문이다.

아이의 성적을 올리고 그에 맞는 진로를 선택하게 하고 싶다면 무엇보다 아이 스스로 그렇게 할 수 있도록 자율성을 부여해야 한다. '자신의 일은 스스로 해야 한다.'는 대전제(원칙) 하에서 아이로 하여금 결정토록 해야 한다는 말이다.

가족과의 여행도 그렇다. 부모의 결정에 그냥 따라오게 하기보다 "예산 ○○○원으로 ○박 ○일 여행을 떠나려는데 어디로 가면 좋을까?"라고 묻고 아이가 계획하게 해보자. 예산의 범위 안에서 어디로 갈지 함께 고민해 보고 여행 코스도 직접 짜보게 하면 지리 공부도 되고 사회공부도 될 수 있다. 어디 가서 무엇을 먹을지 결정할 때도 내가 먹고 싶은 게 아니라 가족들이 모두 좋아하는 메뉴를 선택함으로써 공감과 소통능력을 향상시킬 수도 있다. 게다가 아이의 주도 아래 계획해 여행을 간다면 아이의 책임감과 리더십도 키울 수 있다.

아이의 자기주도력을 키우는 데에는 뭔가 특별한 방법과 기회가 필요한 게 아니다. 일상생활 속에서 나이와 능력에 맞게 미션을 주면 된다. 실수를 저지를까 두려워할 필요도 없다. 스스로 문제를 해결하는 과정에서 실수를 한다 해도 그 경험을 토대로 문제 해결력을 체득할 수 있다.

자기주도력 있는 아이, 자신의 인생을 계획한다

아이들이 능동적이고 적극적으로 자기 인생을 살아가게 하려면 스스로 모든 일과표를 결정하게 해야 한다. 시켜서 하는 일은 누구나 하기 싫다. 자기 스스로 정해야 실천력이 따르기 마련이다. 즉, 자기주도력이 실천력을 담보하는 힘인 것이다. "우리 아이는 왜 하라는 대로 안 하는지 모르겠어요."라고 한탄하기보다 아이 스스로 하루 일과를 짤 수 있도록 믿고 지켜봐 주자.

학교에서 지켜보니 공부 잘하는 아이들은 하루의 일과가 아주 단순한데다 자신이 스스로 계획하는 경우가 대부분이었다. 누구보다 자신의 현재 상태를 잘 파악하고 있으며, 해야 할 일을 알고, 우선순위를 정하고 실천한다.

내 아이들도 마찬가지였다. 밖에서 일한다는 이유로 꼼꼼하게 챙겨주지 못했다. 아이들에겐 학교에서 공부를 마치면 몇 시까지 귀가해야 한다는 통제는 없었지만, 놀 만큼 놀고 나면 집에 와서 내가 퇴근해 돌아오기 전까지 숙제를 다 해놓고 책을 읽었다. 내가 정해 준 큰 틀이 '숙제하고 책읽기'였기 때문이다. 책읽기도 제한을 두지 않았다. 숙제와 관련된 내용이면 더 좋고, 아니면 그냥 그날 읽고 싶은 책을 읽어도 좋다고 했다.

그랬더니 중학교에 가서도 학교에서 돌아오면 그날 배운 것을 자기만의 노트에 정리해 종합적으로 복습하고, 다음날 배울 부분의 차례를 미리 읽었다. 차례를 통해 전체적인 내용을 연결 지어 생각해 보았기 때문에 그다음에 배울 내용에 대한 호기심을 한껏 부풀린 채 수업에 임할 수 있었지 않았나 싶다. 고등학교에 진학한 후로는 학교 자율학습에 참여해 10시까지 그날 배운 걸 복습하거나 예습하기를 3년간 꾸준히 반복했다. 그리고 집에 오면 자기가 보고 싶었던 TV프로를 보거나 책을 읽었다. 농구를 좋아해 고등학교 3학년 때까지도 3 대 3 길거리 농구대회에 경기도 대표로 출전하기도 했다.

공부 잘하는 아이들의 하루 관리를 한마디로 정리하면 '공부하는 시간에 집중해서 공부하고, 그 외의 시간에는 자기가 하고 싶은 걸 마음대로 하는 것'이다. 특별한 사교육 없이 남들이 부러워하는 대학에 입학했다는 우등생들의 말은 빈말이 아니다.

사람들은 종종 자기주도학습을 '사교육 없이 혼자 공부하는 것'이라고 오해한다. 자기주도학습이라고 해서 사교육을 무조건 배제하는 게 아니다. 아이 스스로 필요성을 깨달아 사교육을 활용한다면 자기주도적인 것이며, 사교육을 안 받아도 부모에게 이끌려 억지로 공부한다면 자기주도적이 아닌 부모주도학습인 것이다.

자기주도력을 위한 중요한 조건 하나는 아이가 자신이 달성코자 하는 어떤 목표가 있어야 된다는 점이다. 목표가 있어야 이를 이루기 위한 세부 목표들을 세울 수 있다. 예를 들면, 올해 말까지 천만 원을 꼭 모으겠다는 목표가 있어야 한 달에 80만 원씩 적금 들고 남은 돈으로 생활하는 자기주도적 행동이 나오게 된다. 아이에게 "네가 스스로 계획을 세워서 해봐. 엄마는 너를 믿어."라고 한다고 해서 자기주도력이 생기는 게 아니라는 말이다.

그러려면 부모는 아이에게 올해 꼭 이루고 싶은 일이 뭔지 물어봐야 한다. 그리고 '영어 1등급이 되겠다, 그날 배운 것은 반드시 그날 복습한다, 1주일에 책을 1권씩 꼭 읽겠다.'는 등의 구체적이고도 수치화된 목표를 세우도록 해야 한다. 그리고 목표를 이루기 위한 세부적인 실천계획은 또 어떻게 세울지, 그 목표를 이루는 데 방해되는 건 무엇인지 분석하게 해야 한다. 자신의 상태를 객관적으로 잘 파악해야 그것에 맞는 계획을 세울 수 있기 때문이다. 그후 아이가 계획대로 실행하는지를 관찰하고, 중간중간 긍정적인 피드백을 해주면 자신감을 갖고 더 열심히 하게 된다.

세 아이를 모두 서울대에 보낸 박혜란 여사의 둘째아들은 우리가 모두 익히 아는 가수 이적이다. 오래 전 그가 SBS 〈힐링캠프〉에 출연했을 때였다. 어떻게 3형제 모두 서울대를 갈 수 있었냐는 질문을 받은 그는 "직장을 다니다 그만두고 39살의 나이에 다시 공부를 시작해 여성학자가 된 어머니가 평소 공부하는 모습을 보여주서 자연스레 공부하는 분위기가 될 수밖에 없었다."는 대답을 했다. 또 엄마에게 "내가 공부 잘하면 뭐 해줄 거야?"라는 질문을 한 적이 있었는데, "네가 공부하는 건 날 위한 게 아니라 네가 잘되기 위한 거고, 네가 좋은 거야."라는 이야기를 들었다고 한다.

부모가 아이의 성적에 목을 매면 아이는 성적 올리는 일이 부모를 위한 것이라고 착각하게 된다. 따라서 공부를 잘하는 건 본인에게 좋은 일이지 부모를 위해서가 아니라는 메시지를 확실히 전달할 필요가 있다. 그리고 아이가 자신의 인생을 위해 매일매일을 성실하게 생활할 수 있도록 지켜봐 주자.

Chapter
02

집공부 능력자
되기

아이의 공부습관,

바꿀 수 있을까?

집공부를 하기 위한
분위기 조성하기

앞서 설명한 것처럼 집공부의 궁극적인 목적은 문제를 발견하고 창의적인 해결책을 찾아낼 줄 아는 능력과, 스스로 공부하는 자기주도력을 키우는 데 있다.

그러려면 아이가 어릴 때부터 집에서 기본 공부습관을 잡아주어야 가능하다. 집공부 방법은 절대 어렵지 않으나 약간의 준비가 필요하다. 집공부를 위해 가정에서 해야 할 분위기 조성방법을 알아보자.

공부방을 거실로,
화이트보드 준비

아이들의 책상을 거실로 옮겨보자. 온 가족이 함께 모일 수 있는 공간을 공부방으로 만드는 것이다. 최근 거실 벽면에 책장을 배치하는 인테리어가 유행처럼 번져 거실을 도서실처럼 만든 집들이 꽤 많다. 그런 환경이라면 더욱 좋지만, 그렇지 않아도 괜찮다. 거실에서 함께 책을 보고 음악을 듣거나 공부하는 분위기를 자연스럽게 조성하면 아이가 좀 더 편안하게 공부에 집중할 수 있다.

책상을 거실로 옮겼다면 이제 한쪽 벽면에 화이트보드를 달도록 하자. 화이트보드를 설치하는 이유는 이후에 더 이야기하겠지만, 아이가 자신이 공부한 내용을 선생님처럼 설명하면서 익숙하게 만들기 위함이다. 실제로 SBS 〈영재 발굴단〉을 보면 화이트보드를 달아놓은 집들이 많다는 사실을 알 수 있다. 인기리에 방영된 JTBC 드라마 〈SKY캐슬〉에서도 우등생 우주의 공부법으로 화이트보드가 등장한다. 공부하면서 알게 된 내용을 화이트보드를 활용해 가족들에게 설명하면 더 잘 기억할 수 있을 뿐만 아니라 공부한 내용 이상의 것을 더 알아보고 싶은 마음이 생기기도 한다.

요즘 학교 공개수업에 가보면 아이들이 나와서 친구들에게 설명하는 모습을 흔히 볼 수 있다. 자신이 알고 있는 사실을 가족들 또는 친구들에게 설명하거나, 친구들의 설명을 듣고 함께 고민해 보는 시간을 많이 가질수록 공부에 큰 도움이 되기 때문이다.

만약 낮에 아이 혼자 집에 있어야 하는 환경이라면 아이에게 과제 한두 개를 제시하자. 예를 들면, '오늘 학교에서 배운 것과 연관된 책읽기', '원어로 된 만화영화에서 기억나는 대사 외우기' 등의 과제를 주고, 퇴근해서 함께 이야기를 나누는 방법을 말한다.

아이의 공부방을 따로 마련해주고 싶다면?

책상은 베란다 통유리 쪽보다 벽면을 향해 배치하는 게 안정감 있고 집중하기 좋다. 벽지는 단색으로 차분한 마음을 유지할 수 있게 해주면 더 안정감을 가질 수 있다. 조명도 그림자가 생기지 않도록 설치해 시력에 무리가 없게 해준다.

동성의 자매 혹은 형제가 있는 집은 각자의 방을 만들어주어도 좋으나 하나는 공부방, 하나는 침실로 꾸미는 방법도 고려해 볼 수 있다. 형제나 자매끼리 같이 공부하면서 좀 더 집중할 수도 있기 때문이다. 이때는 책상을 옆에 나란히 붙여 놓기보다는 서로 얼굴을 마주 볼 수 있도록 하는 게 효과적이다. 얼굴을 마주보면 장난도 덜 칠 뿐만 아니라 서로 공부하는 모습을 보면서 긍정적인 자극을 얻을 수 있기 때문이다. 게다가 비슷한 또래의 형이나 언니에게 자연스레 공부하는 방법을 배울 수도 있다.

TV, 게임을 가족과 함께

사실 공부하는 데 TV만큼 장애가 되는 물건이 없다. 끄고 나서도 잔상이 오래 남는데다 연속극처럼 이어지는 내용은 다음 편이 궁금해 계속 빠져들게 되기 때문에 아이가 TV를 보지 못하도록 자물쇠를 채워 놓았다는 학부모까지 있을 정도이다.

하지만 요즘은 마음만 먹으면 PC나 스마트폰을 통해 대부분의 영상을 다운받아 볼 수 있는 세상이다. 그러니 이왕 볼 거라면 몰래 보게 하지 말고 가족과 함께 보는 습관을 갖는 게 좋다. 다만, 연속극이나 개그 프로그램을 같이 보면서 생각을 나누고, 뉴스를 통해 세상 돌아가는 소식을 접하도록 하는 것이다. 실제로 특목고 면접에서 최근 뉴스를 3개 이상 뽑아 말해 보라는 문제가 종종 나오기도 한다.

게임도 마찬가지다. 무조건 못하게 하면 아이가 숨어서 몰래 하게 된다. 가족들 앞에서 편하게 할 수 있도록 해주는 게 좋다. 무엇이든 음성(陰性)화되게 만드는 건 바람직하지 않다.

아침과 충분한 수면시간 확보

잠을 충분히 자지 않으면 공부에 어떤 영향을 미칠까? 잠을 자는 동안 뇌의 측두엽 안쪽에 위치한 해마에서는 낮에 경험한 일들이나 학습된 사실 가운데 남길 것은 남기고 버릴 건 버림으로써 단기기억을 장기기억으로 전환하는 역할을 한다고 한다. 그런데 잠을 안 자고 밤을 새우면 공부한 내용들이 장기기억으로 전환되지 못해 시험이 끝나자마자 잊어버리게 될 뿐만 아니라, 잠을 충분히 자지 못해 받는 스트레스가 당질코르티코이드 호르몬을 분비시켜 기억력을 저하시키기도 한다는 것이다.

하지만 잠을 자는 동안 뇌에서 멜라토닌이 충분히 분비되면 스트레스를 받아도 이겨낼 수 있는데, 멜라토닌은 일반적으로 밤 9시부터 11시 사이에 분비되기 시작해 새벽 2시경에 최고조에 이른다고 한다. 따라서 멜라토닌 분비가 가장 잘되는 새벽시간까지 잠을 안 자면서 하는 공부방법은 안타깝지만 효과가 거의 없다고 보는 게 맞다.

적정수면은 개개인에 따라 다를 수 있지만, 공신들이 저술한《공부의 神》에서는 하루 여섯 시간은 숙면을 취해야 한다고 강조하고 있다. 역대급 불수능이었던 2019년 수능에서 만점을 맞고 서울대 의대에 입학한 김지명 군도 밤 12시에서 아침 6시까지는 꼭 잠을 잤다고 한다. 아동·청소년을 대상으로 한 기존의 문헌들을 보아도 5세 미만은 10~11시간, 5~10세는 9~10시간, 10세 이상은 8~9시간의 수면을 취하도록 장려하고 있다.

또 두뇌의 활성화를 위해 아침밥을 꼭 챙겨 먹음으로써 뇌에 에너지를 공급해야 한다. 저녁식사 후 긴 공복상태에서는 혈액 속의 포도당 수치가 떨어지게 되는데, 아침마저 거르면 뇌세포로 가야 할 포도당이 적어서 뇌의 기능이 더 떨어질 수밖에 없다고 한다. 공부를 해야 하는 학생은 아침밥을 먹어야 뇌의 연료 공급이 충분해져 집중력과 기억력, 학습능력 등을 최고조로 끌어올릴 수 있고, 안정적인 혈당 유지로 기분도 좋아진다는 것이다.

내 경우는 아이들이 일어나는 걸 보지 못한 채 먼저 출근해야 해서 아침밥을 먹이기가 쉽지 않았다. 하지만 아이들 스스로 챙겨 먹기 쉽게 거의 매일 여러 가지 채소를 넣은 볶음밥을 해놓거나 새벽에 일어나 김밥을 싸놓았다.

또 새벽까지 잠을 자지 않으면서 야식을 먹으면 공부에 비능률적일 뿐 아니라 위 건강을 해치게 된다. 게다가 가뜩이나 없는 아침 입맛도 떨어뜨리기 쉽다. 그러므로 수면과 아침밥은 함께 묶어 바람직한 방향으로 습관을 들이도록 해야 한다.

운동으로 스트레스 해소하기

아이들에게 햇빛을 받으면서 뛰어노는 일은 어쩌면 공부보다 더 중요하다. 신체단련을 소홀히 하면 전체적으로 에너지의 활용도가 저하되고, 감정적으로도 긍정적 에너지가 부족해져 결국 학습의 성과도 떨어지고 만다.

운동을 하면 혈액순환이 활발해지면서 스트레스도 줄어든다. 아이가 초등학생이라면 방과 후에는 놀이터에서 실컷 뛰어놀 수 있게 해주자. 스트레스를 해소하고 집에 들어오면 공부가 훨씬 더 잘되기 때문이다. 아이들이 갈수록 공부를 싫어하는 이유는 어릴 때부터 마음껏 뛰어놀지 못해 스트레스가 쌓인 영향도 있다.

우리도 힘들고 지칠 때 좋아하는 영화를 보거나 친구들과 실컷 수다를 떨고 나면 가족을 위해 뭔가 더 열심히 해보고 싶은 생각이 들지 않던가! 아이들도 마찬가지다. 스트레스가 쌓이지 않도록 충분히 마음껏 놀 수 있는 시간을 만들어 주어야 한다.

초등학생 때와는 달리 중학교에 들어가면 책상 앞에 붙어 앉아 있어야 한다고 생각하기 십상이다. 사실, 초등학생처럼 놀이터나 운동장에 풀어놓기 어려운 게 현실이기도 하다. 그래서 중학교에서는 스포츠 클럽을 운영하고 있다. 또 중·고등학생이라면 하루 30분 정도 일부러라도 걷도록 하는 게 좋다. 등하교 시간을 활용하면 충분하다. 어떤 부모들은 아이를 차에 태워 그다지 멀지 않은 학교까지 데려다주기도 하는데, 그러면 자연스레 운동할 기회를 없애는 것과 같다.

걷게 하라. 그렇게 걸으면 장의 운동도 활발해지고, 아침 햇살에 기분도 좋아진다. 또 걸으면서 그날 꼭 해야 할 일을 생각하고 계획하는 등 자신의 하루를 정리할 수도 있다. 등하교 때 걷기는 이처럼 여러 면에서 이점이 많으므로 아이가 꼭 실천할 수 있도록 도와주어야 한다.

'선생님 놀이'로
빠르게 복습하기

"선생님, 저는 공부를 잘하고 싶은데요. 학원 다닐 형편이 못 돼요. 어떻게 하면 좋을지 모르겠어요."

어느 날 한 학생이 상담을 청하면서 조심스레 꺼낸 말이다. 고등학교 1학년이 되어 처음 본 중간고사 성적표를 받아들고 보니 대학을 갈 수 있는 성적이 나오지 않아 상당히 충격을 받은 모양이었다. 기말고사를 대비해 제대로 공부를 해보고 싶은데, 주변 친구들이 학원 로고가 새겨진 문제집을 풀면서 공부하는 것을 본 다음부터는 자신은 교과서 외에는 특별히 하는 게 없어 더욱 불안하다는 말이었다.

그 아이에게서 진심으로 공부를 잘하고 싶어 하는 마음이 느껴

져서 끝까지 도와주어야겠다는 생각이 들었다.

공부를 잘하고 싶다면
'선생님 놀이'를 해보자

다음은 미국 MIT 대학의 사회심리학자 레빈(Lewin)이 세운 미국 행동과학연구소(National Training Lab.)에서 발표한 학습 피라미드로, 외부 정보가 우리의 두뇌에 기억되는 비율을 학습활동별로 정리해 둔 표이다. 학습 피라미드란 다양한 방법으로 공부한 뒤 24시간 후에 머릿속에 남아 있는 비율을 나타낸 것인데, 이 피라미드를 보면 선생님의 설명을 잘 듣기만 해서는 기억에 남는 것이 거의 없다는 사실을 알 수 있다. 친구와 토론하고 직접 체험하면서 하는 소통의 공부가 훨씬 효율적이라는 것이다.

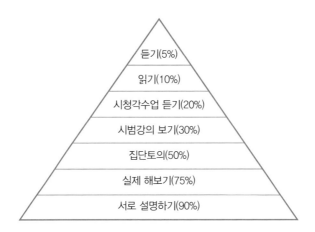

학부모들은 수업시간에 설명을 잘 듣는 것만으로도 공부를 잘할 수 있다고 생각한다. 하지만 학자들의 연구결과에 의하면, 아무리 잘 들어도 24시간 후에는 5%(피라미드의 최상단 부분) 정도만 기억에 남는다고 한다. 또 이 표를 보면 수업보다 실습을 해본 내용을 잘 기억(75%)하는데, 그것보다 더 효과적인 것은 서로 설명(90%)해 보는 방법임을 알 수 있다.

이와 같이 기억에 잘 남는 공부를 고려해 내가 추천하는 방법이 바로 '선생님 놀이'이다. 수업시간에 들은 내용을 안 잊어버리려면 가능한 한 빨리 복습을 해야 하는데, 효과적인 복습법 중 하나가 바로 '선생님 놀이'이기 때문이다. 학습 피라미드에 표시된 결과처럼 상대에게 공부한 내용을 설명했을 때 가장 기억에 잘 남는 이 방법은, 내 공부도 하면서 친구의 공부도 돕는 두 마리 토끼를 다 잡는 방법이자 초등학생은 물론 중·고등학생 및 대학생도 할 수 있는 방법이다.

혼자 중얼거려도 좋고 친구에게 설명을 해도 좋다. 중요한 건 직접 입으로 설명을 해야 한다는 점이다. 그래야만 내가 무엇을 알고 있고, 어떤 내용을 들었는지 쉽게 점검할 수 있다. 수업시간은 40~50분이지만 사실 그 시간 내내 학습을 시키는 선생님은 거의 없다. 대부분은 지난 시간에 배웠던 내용의 복습과 함께 오늘 배울 내용의 배경도 설명하기 때문에 그날 배운 중요한 학습요점은 정작 몇 개 되지 않는다. 짧은 시간, 즉 수업이 끝나자마자 쉬는 시간에 수업시간에 들은 내용을 혼자 중얼거려도 좋고, 짝에게 수다 떨듯 이야기해도 충분하다는 뜻이다.

이 방법을 그 아이에게 설명해 주자 그는 친구들과 상의한 후 '선생님 놀이'를 시작했고, 이후 꾸준히 성적이 올라 결국 본인이 원하는 대학에 들어가게 되었다.

선생님 놀이법

▶ 수업이 끝나자마자 바로 들은 내용 말해 보기(쉬는 시간에 빨리 말해 보기).

▶ 집에 가서 화이트보드에 쓰면서 1교시부터 받은 수업을 영상으로 떠올리며 설명해 보기.

▶ 책을 보고 큰 제목을 써놓은 후 책 안 보고 자세히 설명해 보기.

▶ 설명할 수 없는 부분은 모르는 것이므로 집중해서 다시 공부하기.

▶ 공부한 후 다시 설명해 보기.

▶ 설명이 끝나면 그 부분 문제집 풀어보기.

대부분의 아이들이 자기는 수업시간, 학원, 인강 등을 듣기만 하면서 열심히 공부한다고 생각하는데, 정작 성적은 그만큼 오르지 않아 걱정이라고 이야기한다. 왜 그럴까? 여러 번 들어 익숙해지니 자신이 잘 안다고 착각하기 때문이다. 이럴 때 '선생님 놀이'를 하면서 자신이 안다고 생각하는 것을 말로 설명해 보면 막히는 부분이 나온다. 그 부분이 바로 잘 모르는 것이므로 중점적으로 공부해야 한다. 이처럼 정확히 모르는 내용을 확인하고 공부하게 해준다는 점에서도 '선생님 놀이'는 매우 효과적이다.

선생님 놀이,
혼자서도 가능하다

앞서도 얘기했지만, 최고의 시청률을 자랑했던 JTBC 드라마 〈SKY캐슬〉에도 '선생님 놀이'가 나온 적이 있다. 극중 사교육 없이 우수한 성적을 유지하는 우주의 공부법으로, 수한이 엄마가 수한이로 하여금 엄마 아빠 앞에서 수학문제를 화이트보드에 풀면서 설명하게 했던 것이다.

처음 선생님 놀이를 시켜보면 아이들이 습관이 안 되어 쑥스러워한다. 그럼에도 먼저 선생님 놀이의 효과를 알려주면 어떻게든 해보려 노력하는데, 잘 안 될 때는 머릿속으로 그날 선생님이 수업에 들어와서 한 행동을 그대로 흉내 낸다는 정도로만 해보아도 좋다. '학교'라는 한 편의 연극을 보고 왔다고 생각하고 낮의 일을 영상으로 떠올려보도록 하는 것이다. 교과서에 나와 있는 큰 제목을 보면서 설명하면 기억이 더 잘 날 수도 있다. 그래도 어려우면 책을 들고 내용을 읽은 다음 자기의 생각으로 정리해 설명해 보는 것도 괜찮다.

'선생님 놀이'의 장점은 자신의 현재 학습상태를 잘 파악할 수 있고, 자신이 아는 내용을 다른 사람에게 설명해 봄으로써 공감과 소통능력을 향상시킬 수 있다는 점이다. 이때 부모의 역할은 아이의 설명에 "아, 그런 거였구나."라고 호응하거나, "선생님, 최소공배수가 뭐예요?", "은유법이 뭔지 잘 모르겠어요. 다른 예를 들어 설명해 주세요."라는 질문 정도면 충분하다.

부모가 일찍 귀가하지 못해도 걱정할 필요가 없다. 최첨단 기기인 스마트폰으로 영상을 찍어 보내도록 하면 된다. 아이들은 촬영하는 재미도 느끼면서 부모에게 말하듯 자연스럽게 설명도 한다. 사정상 부모가 영상을 확인 못하더라도 이미 아이는 영상을 찍으면서 빠른 복습을 해낸 것이니 목표는 달성한 셈이다.

독일의 심리학자 에빙하우스의 망각곡선 실험에 의하면, 단기기억에서 장기기억으로 저장하기 위해서는 시간이 흐른 후 다시 복습을 반복해야 가능하다고 한다. 이 원리대로 적용해 보자.

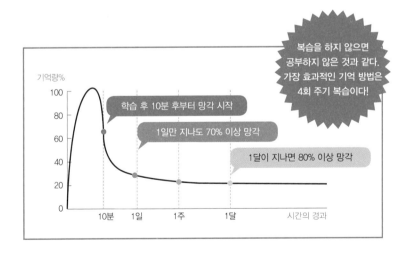

▶ 10~20분 후 복습 수업이 끝나자마자 들은 내용을 짝에게 말해 보기
(기억 1일 연장).

▶ 1일 후 복습 집에서 화이트보드에 그날 배운 내용 쓰면서 설명해 보기
(기억 7일 연장).

▶ 7일 후 복습 주말에 그 주간에 배운 내용을 정리해 설명해 보기
(기억 한 달 연장).

▶ 한 달 후 복습 시험을 대비해 범위에 해당하는 내용을 전체적으로 요약해
설명해 보기(6개월 이상 장기기억).

이런 공부법을 중·고등학생 때 처음으로 시작하면 부모한테 설
명하는 것을 멋쩍어할 수도 있다. 그럴 때는 아이 방에 화이트보드
를 달아주고 혼자서 선생님 놀이를 하게 해도 좋다.

함께하는 선생님 놀이

혼자 하는 선생님 놀이가 효과적인 빠른 복습법 중 하나라면 함
께하는 선생님 놀이는 빠른 복습에 멘토, 멘티 활동을 더한 것과
같다. 또 그날 배운 것 혼자 말해 보기는 효율적인 복습방법이긴

하지만, 수업시간에 잘 집중하지 못하면 기억에 남은 내용이 적어 효과가 반감될 수밖에 없다. 친구와 짝을 지어 함께하게 해주는 게 더욱 큰 효과를 발휘할 뿐더러 친구와의 우정 덕분에 책임감이 생길 수도 있다.

친한 친구들과 한 달씩 돌아가면서 방과 후에 한 집에 모여 '선생님 놀이'를 통해 복습을 하게 해주자. 부모는 그냥 장소와 간식만 제공하면 된다. 조건은 반드시 같은 학년, 같은 반이어야만 한다는 것으로, 그래야 서로 배운 내용이 확인 가능하기 때문이다.

이처럼 친구와 함께하는 선생님 놀이를 하다 보면 자연스럽게 공부 잘하는 아이가 주로 가르치는 활동을 하게 되는데, 이 놀이는 과외와 달라 아이들 간 성적 차이가 문제되지 않는다.

다만, 최상위권 아이와 최하위권 아이의 조합만은 서로에게 도움이 되지 않으므로 피하는 게 좋다. 최하위권의 아이에게는 아주 기본적인 개념부터 차근차근 설명해야 하는데, 이는 최상위권 아이에게는 전혀 도움이 되지 않기 때문이다. 또 최상위권 아이 입장에서 '설마 이 정도는 알겠지' 생각하고 그냥 넘어가는 내용들이 있게 되면 배우는 아이에게도 별 도움이 되지 않을 가능성이 높다. 이 조합만 피하면 괜찮다. 오히려 하위권 아이들은 최상위권이 아닌 중위권 아이들과 짝을 지어주는 게 좋다. 가르치면서 기본개념을 다시 정리해 볼 수 있으므로 양쪽 모두에게 유익한 조합이 된다.

친구와 묻고 답하는 놀이를 통해 습득한 지식은 오래 기억되므로 매우 효과적인 게 사실이다. 실제로 '선생님 놀이'는 중학교에서는 특목고를 목표로 하는 아이들에게 비교과 활동으로 많이 실시되는 방법이기도 하다. 또 고등학교에서는 멘토, 멘티 활동으로 불리며 학생부 종합전형에 유리한 자료로 반영도 된다. 때문에 중 · 고등학교에서는 선생님들이 주도적으로 아이들을 매칭해 줄 때가 많다. 또한 특목고에는 친구보다는 후배들을 가르침으로써 자신이 잘하는 과목의 멘토로 활동하게 하는 프로그램도 있다.

'선생님 놀이'에서 가장 중요한 것은 그날 배운 내용은 반드시 그날 다 이해하고 넘어가야 한다는 점이다. 그것을 목표로 꾸준히 만 해나가면 성적은 오를 수밖에 없다.

같은 반 친구끼리 '선생님 놀이' 해보기

▶ 수업시간에 잘 듣는다.

▶ 자기가 듣고 이해한 내용이 맞는지 친구를 통해 검증받고 모르는 게 있으면 물어본다.

▶ 복습과 함께 숙제와 예습으로까지 확장시켜 본다.

▶ 등하교 때의 자투리 시간을 활용해 함께 복습한다.

아는 만큼 보인다!
효과적인 예습법

아는 만큼 보이고 아는 만큼 들린다는 말이 있다. 공부도 마찬가지다. 예습을 하면 수업시간에 집중도가 훨씬 높아지고 선생님의 설명이 더 잘 이해되기 마련이다.

공부는 낯선 곳으로 처음 떠나는 여행과도 같다. 우리는 모르는 여행지에 갈 때 가이드가 있어도 미리 책을 사서 정보를 찾아보면서 마음의 준비를 하지 않던가!

공부도 똑같다. 선생님이라는 가이드가 있지만, 미리 정보를 알아보고 가면 가이드의 설명이 훨씬 이해가 잘될 수밖에 없다. 그만큼 예습은 학습에 대한 집중도를 높일 뿐만 아니라 자신이 궁금해했던 것에 대한 문제 해결을 쉽게 만든다.

쉬는 시간 10분,
예습에 충분한 시간

사실 복습도 싫어하는 아이들이 예습을 하기는 쉽지 않다. 복습은 들은 내용을 다시 한 번 상기하면서 공부하면 되지만, 예습은 아직 잘 모르는 내용을 봐야 하므로 더 어렵고 집중하기도 쉽지 않다. 그런데다가 너무 거창한 예습을 강요하면 대부분의 아이들은 하고 싶어지지 않는 게 당연하다.

그러나 예습은 그렇게 어려운 게 아니다. 아주 간단한 방법도 있다. 쉬는 시간에 다음 수업 교과서를 꺼내 차례를 잘 읽어보는 게 바로 그것이다. 제목을 보기만 해도 어떤 내용을 배우게 될지 대충 감을 잡을 수 있으며, 그렇게 배울 내용을 미리 상상하면서 지난번 수업과 연결해 생각하는 시간을 잠깐 갖는 정도만으로도 수업에 대한 흥미는 충분히 높아질 수 있다.

이 같은 방법을 통해 쉬는 시간 10분 예습하기에 익숙해졌다면 예습에 시간을 좀 더 투자하는 것이 좋다. 성적이 우수한 아이들은 쉬는 시간 10분보다는 더 많은 시간을 들여 예습을 한다. 대표적으로 예습노트를 들 수 있는데, 과목별로 만들지 않고 종합노트 한 권에 모든 과목의 예습 내용을 적는다.

먼저 노트 한 권에 그날 배울 주요 과목들을 날짜순으로 기록한다. 그리고 노트를 반으로 접어 한쪽에는 차례의 제목을 대단원, 중단원, 소단원 순으로 적은 후, 교과서에서 배울 내용을 미리 읽고 그중 특별히 이해가 잘 안 되는 용어나 내용을 질문사항에 적어둔다. 그 다음에는 수업시간에 선생님 설명을 들으면서 보충 내용을 추가로 적고, 자신이 생각했던 것과 다르거나 중요하다고 강조하는 내용을 선생님 설명 난에 적는다.

날짜			수업내용	
대단원명				
중단원명	소단원	핵심내용요약	질문사항	선생님 설명

성적 우수자들의 효과적인 예습법

▶ 종합노트 한 권을 준비한다.

▶ 다음 날 배울 주요 과목들을 순차적으로 기록한다.

▶ 과목별 차례를 대단원, 중단원, 소단원 순으로 적는다.

▶ 해당 내용을 읽으며 특히 이해하기 어려운 용어나 내용을 질문사항에 기록한다.

▶ 수업시간에 선생님의 설명을 들으면서 중요한 부분을 기록한다.

이렇게 예습하면 수업시간에 선생님이 설명하는 내용이 훨씬 잘 들려 수업의 효율성이 높아진다. 그래서 복습이 더 쉬워진다. 크게 보면 예습-수업-복습은 마치 헬스에서 세트 훈련하듯 한 세트로 움직여야 한다.

선행을 많이 했는데 왜 성적이 안 오를까?

"저희 아이는 정석Ⅱ까지 다 뗐는데, 혹시 그런 아이들만 따로 모아 수업하는 반은 없나요?"

입학 전, 어느 학교로 진학하면 좋을까 고민하는 학부모 한 분이 찾아왔다. 요즘에는 이처럼 중·고등학교 진학을 앞두고 학교를 직접 방문해 공부 잘하는 아이들을 위한 특별한 프로그램이 준비되어 있는지 묻고 진학을 결정하는 학부모들이 많다. 내신뿐만 아니라 학생부 종합전형을 대비한 비교과 활동을 염두에 두기 때문인 것 같다.

선행은 앞으로 배울 내용을 미리 공부하고 오는 것이므로 예습의 한 방법이라고 생각할 수 있다. 부모는 아이가 선행을 많이 하면 학교에서 당연히 두각을 나타낼 거라고 생각한다. 하지만 선행을 많이 한 아이들이 의외로 성적이 좋지 못한 경우가 생각보다 많았다. 나는 경시대회에 나가 상을 받은 아이가 교과서 문제도 못

풀거나, 초등학교 5학년 때 이미 고등학교 과정을 다 마쳤다며 영재반 편성을 문의하던 부모의 기대와는 달리 평균 성적도 못 내는 무기력한 아이들을 많이 보았다.

분명히 선행을 하고 왔는데 왜 이리 성적이 좋지 않은 것일까? 아이의 이해와는 상관없이 속도만 빠르게 나갔기 때문이다. 그러니 진도를 다 떼기는 했어도 기초부터 흔들리는 경우가 많을 수밖에 없다. 심지어 수학을 무조건 암기하다시피 공부하는 바람에 학년이 올라갈수록 점점 더 수학을 싫어하는 아이들도 있다.

그렇다면 어느 정도의 범위에서 선행학습을 하는 게 좋을까? 아이의 학습 수준을 고려해 결정해야겠지만, 자기가 배우는 수준에서 반 보 정도만, 쉽게 말하면 방학 때 다음 학기에 배울 내용을 미리 공부해 보는 정도만큼만 앞서는 게 좋다. 아이가 힘들어하는데도 불구하고 몇 년씩이나 앞서서 선행을 하다 보면 공부는 늘 어렵다는 좌절감만 안겨줄 수도 있다. 또 너무 앞서 배우는 바람에 당장 그 내용을 활용할 기회가 없다면 아무리 많이 배웠어도 잊어버리고 만다.

더 안 좋은 상황도 있다. 선행을 믿고 학교 수업시간에 딴생각하면서 수업에 집중하지 않는 경우이다. 바람직한 선행학습은 선생님이 문제 푸는 모습을 눈으로만 실컷 보는 데에서 벗어나 자신이 먼저 책을 읽어보고 미리 궁금증을 발견해 수업시간에 질문하고 집중할 수 있어야 한다.

예습과 선행의 차이

아이가 잘 따라온다고 전제할 수 있다면 선행학습을 크게 제한하지 않아도 된다. 영재 송유근 군은 초등학교 때 대학교 과정을 다 이해하고 대학에 진학했다.

선행을 잘 해내면서 아이가 새로운 것 배우기를 좋아한다면 아무 문제가 없다. 수능에서 전국 수석을 한 학생들을 인터뷰한 책에는 2년 정도 앞선 선행학습을 했다는 학생이 소개되어 있기도 하고, 실제로 내가 근무했던 학교들에서도 전교 1등하는 아이는 선행학습을 하는 경우가 많았다.

대부분의 학교에서는 평균 정도의 학업능력을 기준으로 수업을 진행하기 때문에 최고 수준에 있는 성적 우수자들의 지적 호기심을 충족시키기 어려운 측면이 있는 게 사실이다. 내가 상위 그룹의 선행학습을 막을 필요가 없다고 생각하는 이유도 거기에 있다.

하지만 부모의 욕심과 불안감을 해소하려 아이의 현재 학업능력을 살피지 않고 많은 양의 선행학습을 시키는 것은 바람직하지 않다. 부모는 아이를 위해 한다고 하지만 아이들로서는 숨이 막히는 일이다. 그러므로 내 아이 수준에 맞게 차근차근 공부해 나가도록 도와주는 게 훨씬 더 중요하다.

그렇다면 선행과 예습에는 어떤 차이가 있을까? 선행과 달리 예습은 바로 뒤에 배울 수업 내용을 미리 훑어보고 대강의 내용이 어떻게 전개될 것인지를 파악하는 과정이다. 선행이 실제로 여행지를 가보는 사전 답사라면, 예습은 여행지의 특성을 인터넷 검색으로 파악해 보는 정도라고 생각하면 된다. 선행은 진도만 미리 나가는 것이 아니라 내용까지 꼼꼼히 알고 있는 상태를 말한다. 반면, 예습은 배울 내용을 완벽히 이해하지 못했다 하더라도 크게 문제되지 않는다. 어떤 내용을 배우게 될지 나름대로 상상하면서 그 시간 수업에 대한 호기심과 흥미를 높일 수만 있으면 충분하다.

학교 수업을 잘 따라가고 시험에 좋은 결과를 얻으려면 이러한 예습-수업-복습의 과정을 꾸준하게 계속할 수 있는 성실함과 끈기가 있어야 한다. 만약, 이 같은 과정을 거치기에 시간이 너무 부족한 상황이라면 예습보다는 복습에 더 비중을 두어야 한다. 복습으로 기초를 탄탄히 다져야 새로운 내용을 배울 때 잘 이해할 수 있기 때문이다.

선행을 많이 시켜 지금은 다른 아이보다 한참이나 앞서 있다고 해도 결국 수능 시험범위는 똑같다. 빨리 진도를 나가는 것이 중요한 게 아니라, 느리더라도 그 모든 과정을 내 힘으로 알아갈 수 있도록 도움을 주는 게 중요하다.

효율성 높이는
단권화 전략

어느 날, 갑자기 아이들이 떼를 지어 교무실에 몰려와 복사를 하게 해달라며 길게 줄을 서는 진풍경이 벌어졌다. 무슨 일인지 알아보니 시험을 앞두고 전교 1등 아이의 교과서를 빌려 복사하기 위해서였다.

이 아이의 교과서는 탐낼 만한 이유가 있었다. 교과서 하나만 꼼꼼히 보아도 시험 대비 공부를 충분히 해낼 수 있을 정도로 잘 정리되어 있기 때문이다. 마치 여행지도처럼 이곳저곳의 특성은 물론, 선생님의 보충설명 및 주의할 점 등 더 알아야 할 정보들이 빼곡하게 기록되어 있었다.

단권화의 기본은 교과서

나는 오랜 경험을 통해 아이들의 교과서를 펼쳐보는 것만으로도 그 아이의 학습 정도를 금방 파악할 수 있게 되었다. 공부와 담을 쌓은 아이들의 교과서에는 마치 빌려온 책 다루듯 아무것도 쓰여 있지 않다. 간혹 쓰여 있는 내용을 보면 대부분이 낙서인데다, 선생님이 교과서 한쪽에 꼭 써두라고 강조한 내용도 상관없는 딴 곳에 큰 글씨로 대충 쓰여 있다. 가끔 빼곡이 적힌 글이 있어 자세히 보면 교과서에 그대로 나와 있음에도 교과서에 없는 줄 알고 써놓은 내용이 많다. 교과서를 전혀 읽어보지 않은 상태에서 선생님이 설명하니 그대로 적을 뿐이다.

반면, 성적 우수자들은 교과서에 모든 요점을 정리해 기록해 둔다. 이른바 단권화 전략이다. 단권화란 말 그대로 책 하나에 모든 정보를 수록해 놓는 걸 말한다. 성적 우수자들은 이처럼 나름의 원칙을 갖고 교과서를 정리한다.

시험 때는 교과서만 보면 모든 내용이 한눈에 정리될 수 있어야 한다. 이때 색색의 볼펜을 이용해 잘 몰랐던 것, 선생님이 중요하다고 강조한 것 등을 구분 지어 자신이 알아볼 수 있게 정리하면 기억하는 데 더 도움이 된다. 시험공부를 한다며 노트 따로 찾아보고 문제집에 해놓은 중요한 표시 따로 찾아보는 것보다는, 모든 것을 한 곳에 정리해 놓으면 전체적인 요점이 한눈에 잘 들어와 공부하기도 쉽다.

성적 우수자들의 단권화 요령
(※ 펜 색깔은 개인의 취향으로 선택하면 된다.)

▶ 선생님 설명 요약 해당 난에 정리해 써둔다(검정 볼펜).

▶ 교과서에 없는 내용이나 문제집을 풀다 새롭게 알게 된 사실 해당 단원의
빈 곳에 파란색 볼펜(자리가 부족할 때는 포스트잇-노란색)으로 기록한다.

▶ 선생님이 강조한 내용 해당 내용에 형광펜(실제 시험에 나온 것은 ★표시
: ★표시를 분석, 선생님의 출제경향을 파악해 다음 시험에 대비)으로 줄을
그어놓는다.

우등생의 학습비결은 똑같이 주어진 시간을 더 효율적으로 활용하는 데 있다. 단권화는 시간 절약과 함께 효율성을 높인다. 그리고 단권화의 중심은 교과서여야 한다. 그렇다면 왜 교과서로 단권화시켜야 할까? 교과서가 기본 중 기본이기 때문이다. 모든 학교의 시험은 교과서를 중심으로 출제되고, 문제집도 결국 교과서를 기본으로 알아야 할 핵심내용을 문제로 정리한 것에 지나지 않는다.

하지만 초·중·고에 사물함이 생기면서부터 교과서를 학교에 두고 다니는 아이들이 대부분이다. 그러니 교과서는 잘 읽어보지도 않은 채 개념을 못 잡은 상태에서 무조건 문제집만 풀어대는 아이들이 꽤 많다. 성적이 오르지 않는 대부분의 아이들이 흔히 저지르는 잘못된 공부습관이다. 복습에 필요한 주요 교과 교과서는 꼭

가지고 다녀야 한다. 초 · 중학생들은 방과 후에 '선생님 놀이'로 빠른 복습을 한 다음 집에서 교과서만 다시 정리하는 복습 정도만으로도 좋은 성적을 받을 수 있다.

고등학교에는 야간 자율학습 시간이 있다. 공부 잘하는 아이들은 교과서를 옆에 두고 교과서를 읽어나가다 이해가 잘 안 되는 부분에서는 문제집을 통해 보충설명을 읽거나 문제를 푼다. 반면, 성적이 좋지 않은 아이일수록 개념을 잘 정리하려 하지 않고 자율학습 시간만 되면 무조건 문제집을 꺼내놓고 푼다. 개념 정리 없이 문제를 대하니 계속 틀릴 수밖에 없다. 야구로 치면 마치 기본은 하나도 배우지 않은 채 밤새워 방망이만 휘둘러 대는 것과 같다. 공을 잘 맞출 수 없는 것은 물론이다. 공부에도 원리가 있다. 그 원리를 따라가면 그리 어렵지 않다.

우선 교과서를 천천히 잘 읽고 이해가 안 되는 내용에 물음표를 달아보자. 그리고 그 물음표를 해결하기 위해 문제집과 참고서를 참고하고, 안 되면 인터넷으로 찾아보자.

수업시간에 교과서에 일목요연하게 정리해 놓기는 힘들다. 먼저 연습장에 흘리듯 적었다가 자율학습 시간에 그날 수업을 떠올리며 꼼꼼하게 정리하는 게 좋다. 복습을 하면서 단권화시키는 것이다. 더 궁금하고 알아보고 싶은 내용 부분에는 색을 다르게 구분해 두면 되는데, 눈에 띄는 색으로 체크해 놓음으로써 자신이 더 집중해 공부해야 할 내용을 쉽고 빠르게 알 수 있다.

참고서나 문제집은 교과서를 잘 이해하기 위한 보조수단임을 절대 잊지 말자. 수학 같은 경우는 기본개념을 이해했음에도 잘 모르겠으면 선생님을 찾아가 질문하자.

다른 문제집을 여러 권 풀수록 성적이 좋을까?

수능시험이 끝나면 학교에서는 큰 행사가 하나 벌어진다. 바로 수험생들이 그동안 썼던 문제집을 다 버리는 것인데, 그날은 폐지를 가져가기 위해 5톤 트럭이 와도 모자랄 정도이다. 게다가 선배들이 버린 문제집을 후배들이 주우러 달려들면서 일대 소란이 일어난다.

하지만 사실 그 버려진 문제집의 대부분 새것이다. 공부를 열심히 하겠다는 일념과 불안감에 문제집은 여러 권 사지만 그것을 처음부터 끝까지 푸는 아이는 거의 없다. 그럼에도 일단 문제집을 안 사고는 불안해 견디기 어려운 것 또한 사실이다. 따라서 어차피 참고서나 문제집을 산다면 아이 자신의 수준에 맞게, 남들이 좋다는 문제집이 아니라 나의 학습 정도에 맞는 문제집을 골라야 한다. 자기의 학습 수준에 맞지 않음에도 친구들이 다 산다거나 부모의 열의에 의해 사기보다는, 스스로 공부하고 싶은 마음으로 나에게 맞는 문제집을 선택해야 더 효과적인 공부를 할 수 있기 때문이다.

이때 드는 궁금증은 각기 다른 문제집 여러 권을 푸는 것과 한두 권을 여러 번 보는 것 중 어떤 방법이 더 좋을까 하는 점이다. 이럴 때 나는 한두 권의 문제집을 선택해 깊이 있게 공부하는 것을 추천한다. 왜일까? 대개 중요한 내용은 어떤 문제집이든 모두 실려 있다. 예를 들어, 내가 A라는 문제집에 나온 어떤 문제를 풀어서 맞았다면 B라는 문제집에 실린 같은 유형의 문제를 웬만해서는 틀릴 리가 없다. 결국 다른 문제집 여러 권을 한 번씩 푸는 방식은 아는 문제를 풀고 또 풀며 상대적으로 시간만 낭비하는 꼴이 될 수도 있다. 때문에 문제집은 자기 수준에 맞는 것으로 한두 권만 선택해 집중적으로 공부하는 게 좋다.

물론, 똑같은 내용을 설명하더라도 문제집마다 좀 다른 예를 들어 설명하거나 표현을 달리할 수는 있다. 하지만 문제집이란 게 결국은 교과서에 나오는 중요한 내용을 추출해 정리하고 연습시키기 위한 방편이므로 한두 권의 문제집 풀이를 통해 문제의 유형을 알아보는 정도면 충분하다. 그것에 더해 여러 권을 한 번씩 풀어보는 것보다 한 권을 여러 번 풀어보는 게 효과적인 이유는, 한 권을 여러 번 보다 보면 처음에는 잘 보이지 않았던 내용이 보이기도 하고, 다시 또 반복해 봄으로써 개념이 확실히 잡힐 수도 있기 때문이다.

반면, 수학 과목 같은 경우, 상위권 수준의 성적을 유지하는 아이들이라면 한두 권의 문제집에만 집중하기보다 좀 더 새로운 유형을 많이 풀어보는 게 좋다. 시간이 허락하는 대로 다양한 문제집을 풀어보며 서로 다른 문제 유형을 익히는 게 성적을 올리는 데 도움이 된다.

하지만 수학도 개념 정리가 약하다고 판단될 때는 교과서로 개념을 확실히 정리한 후 유형을 완전히 익힐 때까지 문제집 한 권을 선정해 여러 번 반복해 풀어보기를 권한다. 이때는 반드시 '개념을 확실히 공부하고 → 문제 풀기 → 틀린 문제 개념 다시 정리하기 → 해설을 보고 틀린 부분 수정하기 → 다시 문제 풀기' 순으로 해야 한다.

실제로 평균점수가 30점대였던 아이에게 한 권의 문제집을 선정해 위와 같은 방식으로 10회(10회가 부담스러우면 일단 5회를 목표로 해보자)를 풀게 해본 적이 있었다. 그랬더니 개념이 잘 잡혔을 뿐만 아니라 다양한 문제 유형까지 파악하는 능력이 생기면서 성적이 많이 오르는 걸 확인할 수 있었다.

다시 한 번 강조하지만, 수학은 개념을 확실히 남에게 설명할 수 있을 정도로 익힌 다음에 문제집을 풀어야 효과를 볼 수 있다.

과제, 숙제
스스로 해결하기

아들이 초등학교 2학년이던 때 여름방학 중의 일이다. 어느 날, 방학숙제를 한다고 땀을 뻘뻘 흘리면서 곤충을 잡으러 다니더니 베란다에서 약 냄새를 풍겨가며 혼자 뭔가를 열심히 했다. 며칠 뒤 개학하고 나서 나는 방학과제물 전시회를 한다는 가정통신문을 받았다.

전시장에 들어서자마자 큰 액자에 '대상'이라는 리본을 달고 걸려 있는 초등학교 2학년 아이의 작품이 눈에 띄었다. 우리나라에서는 본 적이 없는 나비에다 이름 모를 곤충까지…… 고작 2학년 아이가 어떻게 저런 과제를 수행했는지 놀라움을 금치 못했다.

아들은 어떻게 했는지 궁금했던 나는 이리저리 눈이 빠져라 두

리번거렸으나 찾을 수가 없었다. 그렇게 한참을 훑던 도중 전시장 한편에 잡동사니처럼 쌓아놓은 상자 위에서 삐뚤빼뚤 낯익은 글자체로 아들의 이름이 쓰여 있는 과제물을 발견했다.

잠자리, 파리, 모기, 아기 매미. 우리 아이가 잡은 곤충들이었다. 잠자리는 얼마나 힘들게 잡았는지 날개 하나가 다 떨어져 나간 상태였다. 유난히 겁이 많은데다 살아 움직이는 벌레들을 무서워하는 아들이 과제를 하면서 얼마나 힘들었을지 눈에 선했다.

집으로 돌아오는 길에 아이의 손을 꼭 잡고 말했다.

"우리 아들이 곤충 만지는 걸 제일 싫어하는데도 최선을 다해서 숙제를 해냈네. 엄마는 우리 아들이 참 대견해!"

스스로 숙제하는 첫걸음, 부모는 가이드만

요즘 부모들은 아이의 숙제며 준비물을 다 챙겨주는 것도 모자라 직접 해결해 주는 것까지 의무로 여기는 것 같다. 시간이 많이 걸리는 미술 숙제 때문에 공부시간을 뺏길까 봐 색칠도 도와주고, 토론을 위해 필요한 자료도 대신 조사해 준다는 학부모를 만날 때가 있다. 내 경험에 의하면, 아이의 숙제를 지나치게 간섭하거나 도와주는 행위는 아이에게서 배움의 기회를 빼앗는 결과를 초래할 수 있는데도 말이다.

물론, 부모가 옆에서 도움을 주고 챙겨주면 당장은 다른 아이들에 비해 돋보일 수 있을지 모른다. 하지만 학년이 점점 올라가면 부모가 도와줄 수도, 해결해 줄 수도 없는 과제들이 많아지게 마련이다. 그리고 그런 상황에 맞닥뜨린 부모들 대부분은 학교 숙제가 엄마 숙제라며 고단함과 불만을 토로한다. 선생님은 아이의 교육상 필요해서 내준 숙제인데, 정작 괴로워하는 건 부모이니 참 안타까운 현실이다.

　학교가 원하는 교육적 취지를 살리고 부모가 괴롭지 않기 위해서는 애초부터 부모가 숙제를 해주어서는 안 된다. 부모라면 그보다 아이가 스스로 숙제를 할 수 있도록 돕는 역할을 해야 한다. 예를 들어, 곤충을 잡는 과제라면 함께 공원에 나가 아이가 곤충을 직접 잡도록 도와주고 인터넷에서 자료를 찾거나 책을 찾는 방법을 알려주는 정도를 말한다. 아울러 "선생님은 왜 그런 숙제를 내셨을까?"를 질문함으로써 아이가 과제를 통해 무엇을 배우고 학습할 수 있는지를 깨닫게 되면(사실 이것이 선생님이 숙제를 낸 목적이다) 과제를 훨씬 더 잘 해낼 수 있게 될 것이다.

　과제를 하면서 반드시 아이가 스스로 생각해 볼 기회를 가질 수 있도록 도와야 한다. 초등학교 때는 공부를 아주 잘했다는 아이들도 중고등학교에 진학한 후 혼자 과제를 할 때면 어쩔 줄 모르고 헤맬 경우가 있다. 문제를 혼자 생각해 보고 해결해 본 경험이 적기 때문이다.

실수했다고 흥분은 금물!

여유 있는 일상을 보내던 방학 중의 어느 날, 아주 친한 선생님으로부터 뜬금없이 고구마를 분양해 달라는 전화를 받았다. 아이의 방학 중 실험 숙제가 고구마 수경재배인지도 모르고 있던 나는 화들짝 놀라 그제야 뒤늦게 방학숙제를 점검했다.

탐구생활 방학과제 중 "우리 고장의 특산물을 조사해 봅시다."라는 페이지를 펼쳐보니, 체험하고 조사한 내용을 적어야 하는 자리마다 '모름', '모름'이라고 적혀 있는 게 아닌가! 게다가 아이는 고구마를 수경재배 도중 썩어서 버렸다며 별일 아니라는 듯 말했다. 나는 순간 너무 화가 나서 소리를 지르고 말았다.

"이걸 숙제라고 선생님께 낼 수 있겠어? 다시 해!"

얼른 책을 집어 들고 방으로 들어간 아이는 30분 남짓 시간이 지나자 해맑은 얼굴로 나와 탐구생활을 내 앞에 내밀었다.

"엄마, 다 했어요."

'책을 찾고 자료를 뒤져보려면 몇 시간에 걸쳐 해도 안 될 것 같은데 벌써……?'

생각하며 책을 펼친 나는 웃지 않을 수 없었다. 내가 화를 낸 이유를 반말로 답을 써서인 줄 안 아이는 모름이라고 썼던 곳에다 '잘 모르겠습니다.', '몰라요.' 등의 존댓말로 고쳐 써넣고는 다 했다며 나에게 보여준 것이었다. 그날 부모가 덮어놓고 흥분해서 소리만 지르는 건 아무런 교육적 효과가 없다는 걸 깨달은 나는 화를 가라앉힌 다음 '선생님이 숙제를 내주는 이유는 그것을 해결하기 위해 책을 찾아보고 직접 체험활동도 해보라는 뜻'임을 알려주었다.

여러 가지 문제들을 아이 스스로 해결하게 내버려두면 아이는 종종 실수를 연발하기 마련이다. 잘 모르니 당연하다. 이럴 때 부모가 그것도 모른다며 무조건 화를 내서는 안 된다. 부모의 분노를 접한 아이는 두 번 다시 스스로 뭔가를 해보겠다는 생각을 하지 않을 수도 있기 때문이다. 따라서 아이가 잘못된 방향으로 가거나 실수를 연발할 때는 차분히 제대로 된 방향으로 선회할 수 있도록 설명을 해주어야 한다.

숙제란 남의 힘을 빌려서라도 완벽하게 해내는 것이 목표가 아니며, 그렇게 해서 높은 점수를 받는 데에만 의의가 있는 게 아니다. 학교에서 내주는 숙제를 스스로 해결해 나가는 과정을 통해 자신이 무엇을 잘하고 무엇이 부족한지를 조금씩 알아가고 인정하는 데 그 목적이 있다. 예를 들면, 미술 선생님이 디자인 관련 숙제를 냈을 때, 디자인을 좋아하는 아이들은 재미있어하면서 그 숙제를 해결하기 위해 노력할 게 분명하지만, 그 방면에 관심이 없는 아이들은 큰 노력을 기울이지 않게 된다. 자신이 뭘 좋아하고 싫어하는지, 잘하고 못하는지를 알게 된다는 말이다.

주어진 숙제를 해결하는 데는 많은 시간과 노력이 필요하다. 수학을 못하는 아이는 수학 숙제가 많으면 힘들어한다. 그때는 숙제를 안 했다고 야단치는 대신 아이가 왜 숙제를 혼자 해결하기 어려워하는지 파악해 보아야 한다. 기본적인 개념을 잘 이해하지 못했는지, 아니면 노느라 정신이 팔려 할 시간이 없었는지 말이다. 숙제는 이렇듯 단순히 해내는 데만 의미를 두지 말고 아이 스스로 무엇을 좋아하고 잘하는지 가늠해 보는 기회로 삼아야 한다.

숙제를 잘하는 것, 못하는 것을 알아내는 수단으로 생각지 않는 부모들은, 아이가 못하면 목소리 톤을 높이고 짜증을 낸다. 아이는 숙제를 받을 때마다 엄마 아빠에게 야단맞은 기억이 나 더 하기 싫어한다. 부모의 화와 짜증은 아이의 역반응만 불러올 뿐이다.

'못하니까 선생님들이 숙제로 내주었을 거야.'라는 생각으로 아이가 숙제하는 모습을 지켜봐 주자. 그리고 아이가 생각을 하거나, 책을 찾거나, 인터넷을 검색해 보고 해결방법을 찾아낼 수 있도록 질문을 던지고 대화를 나누자. 좀 부족하더라도 자신의 힘으로 해내는 연습을 자꾸 하다 보면 스스로 문제를 해결하는 과정에서 자기주도력이 생기고 생각하는 힘을 기를 수 있다. 그렇게 낑낑대면서 스스로 해결해 내는 과정을 여러 번 반복해 성취하고 나면 결국 어떤 일도 스스로 해낼 수 있다는 자신감을 갖게 된다.

숙제 때문에 고단한 부모들에게 꼭 이야기하고 싶다.

"아이 스스로 하도록 내버려 두시길!"

"아이가 직접 길을 찾도록 가이드 역할만 하고, 결과가 보잘것없더라도 연연하지 말기를!"

부모는 아이가 스스로 뭔가를 해나가는 과정이 가장 중요하다는 사실을 간과해서는 안 된다.

다르게 생각해 보기

"미닫이를 소리 나는 대로 쓰시오."

초등학교 국어시험에 나온 이 문제에 어떤 학생이 답을 적었다.

"드르륵."

선생님이 듣고자 하는 정답과는 거리가 너무 멀긴 하지만, 아이들은 이처럼 어른들이 미처 예상치 못한 창의적인 발상을 할 때가 종종 있다. 그리고 이 같은 창의력 교육이 가장 잘 되는 시기는 초등학교 때인 아동기라고 한다. 그 시기에는 왕성한 호기심으로 인해 궁금한 게 많은데다 고정관념이 적어 다른 관점에서 생각하기 쉽다는 것이다.

그러면 창의력은 어떻게 키울 수 있을까? 창의력 교육이란 지금의 학부모 세대처럼 교과서를 달달 외우고 정신없이 문제를 풀기만 해서는 되지 않는다. 우리의 두뇌를 최대한 활발하게 움직일 수 있도록 지식을 쌓으며 다양한 능력을 키워야 한다. 그래야만 진짜 즐겁게 공부를 할 수 있다.

익숙한 일상에서
다르게 생각해 보기

"엄마 초록불 안에 숫자를 넣을 수는 없어요?"

아들이 초등학교 4학년 때 거리의 신호등을 보고 뜬금없이 이런 질문을 했다.

"왜 그런 생각을 했는데?"

내가 물었다.

"신호등 앞에 섰을 때 저 초록불이 언제 빨간불로 바뀔지 몰라서 불안해요. 그런데 숫자를 넣어주면 몇 초 후에 바뀔지 알 수 있어 좋을 것 같아서요."

"오호, 그거 좋은 생각인데……."

나는 그렇게 웃어넘겼는데, 내가 그렇게 흘려들었던 아들의 생각은 어느 누군가가 제안해 현재 신호등에 반영되었다. 신호등 앞에 설 때마다 그때의 아들 목소리가 귓가에 맴돈다.

창의력은 새롭고 독창적이고 유용한 것을 만들어내는 능력이라고 한다. 독창적이고 새롭다고 해도 너무 황당해 활용할 수 없을 정도라면 이 역시 창의적이라고 하기는 어렵다. 즉, 같은 문제를 보면서도 남과는 다른 새로운 것을 발견하고 현실적으로 문제를 해결하는 힘이 바로 창의력인 것이다.

설거지를 하다 보면 종종 긴 유리컵 닦기가 불편할 때가 있다. 이때 '불편하니까 긴 유리컵은 사용하지 말아야지.'라고 생각하는 사람이 있는가 하면, '어떻게 하면 긴 유리컵을 잘 닦을 수 있을까?'를 고민해 상품을 만들어내는 사람도 있다. 또 고등학교 때 서울 시내버스 앱을 개발해 대한민국 인재상을 받은 유주완 군은 언제 버스가 오는지 미리 알면 좋겠다는 생각에 필요성을 느껴 앱을 만들었다고 한다. 이렇듯 늘 접하는 수많은 문제들을 다양하고 새로운 관점으로 바라보면 창의력이 키워질 수 있다.

그러나 안타깝게도 성인이 될수록 창의적으로 생각하기 힘들다고들 한다. 그만큼 고정관념이 많이 생겼다는 뜻이다. 이는 어른들의 관점으로 재단하지 말고 아이들에게 자신의 생각을 거침없이 표현할 수 있도록 기회를 주어야 한다는 말과도 같다. 사회적으로 큰 반향을 일으켰던 '멍 때리기' 대회도 모두 다 바쁘게 살아야 한다고 외칠 때 다르게 생각해 나온 아이디어 아닌가!

일반적인 시각을 벗어나 자신만의 시간을 갖고 관심 가는 사물을 다양한 시각으로 관찰해 문제점을 발견하고 해결하는 창의력,

관점을 달리해야 하는 창의력은 하루 종일 바쁘게 학원을 오가며 수동적으로 남의 말을 듣기만 해서는 절대 발휘될 수 없다. 마음껏 놀고 관찰하고 생각할 시간을 빼앗겼으니 당연한 일이다.

다른 관점으로 사물 표현하기

은유법(metaphor)은 'A는 B이다.'로 표현하는 비유법 중 하나이다. 스페인 의류업체 자라(ZARA)의 CEO 아만시오 오르테가는 "의류는 생선이다."라고 정의했다. 생선과 마찬가지니 매장의 옷들을 자주 바꿔주어야 한다는 뜻이다. 영국 왕세자비가 입고 나온 옷 중 하나가 자라 옷이라는 것을 알아본 사람들이 매장으로 달려갔지만 디스플레이 기간이 끝났다며 더 이상 물건을 팔지 않았다는 일화는 유명하다.

의류에 대한 자라의 정의는 그런 과정을 통해 사람들의 인식 속에 '일정 기간이 지나면 원하는 옷을 살 수 없겠구나.' 하는 생각을 남겼다. 고객들의 1년간 자라 매장 평균 방문횟수가 다른 브랜드 방문횟수보다 더 많은 건 이 때문이다. 자라가 소규모로 시작해 세계 최대의 의류 브랜드로 성장하게 된 데는 이처럼 의류를 남다른 관점으로 정의했기 때문이 아닌가 싶다. 관점이 달라지면 생각이 바뀐다.

아이들에게 사물을 새롭게 표현하게 해보자. 이를테면, '침대는 병원이다.'라는 관점으로 접근한다면, 침대를 잠만 자는 곳이 아니라 인공지능(AI)과 결합시켜 자는 동안 맥박도 재고, 혈압도 체크하며, 환자가 무호흡 증상을 보일 때는 침대가 저절로 들려 사람을 흔들어주게 만드는 아이디어가 나올 수도 있지 않을까?

하지만 아무리 새로운 관점이더라도 다른 사람들의 공감을 얻어내지 못하면 무용지물이다. 그러려면 사람들과 소통이 잘되어야 한다. 어렸을 때 친구들과 잘 놀던 아이들이 커서 공감하는 창의력을 발휘할 수 있다는 말이다. 독특하기만 하다고 인정받는 게 아니라 일상에서 유용하게 쓰일 수 있는 창의력이어야 하는데, 이 유용함은 타인과의 원활한 소통과 공감력에서 나온다.

'제한'은 생각하게 만든다

교사연수에 가서 서로 잘 모르는 사람들과 조를 이뤄 정해진 시간 안에 뭔가를 만들어 발표하는 프로그램에 참여한 적이 있다. 시간 제약이 있는데다 과제의 주제도 평소 생각해 보지 않은 것이라 그야말로 뇌를 풀가동시켜야만 했다.

이렇듯 사람들은 특정한 조건을 설정해 제한을 가하면 창의력이 발현된다고 한다. 특별한 조건을 돌파해야 할 뿐만 아니라 주어진 과제가 익숙지 않으니 뇌가 한계를 넘어서기 위해 최대한 역량을 발휘하기 때문이다.

자기소개서에 글자 수를 제한해 쓰게 되어 있는 이유도, 트위터 글자 수가 140자라는 것도 따지고 보면 글 쓰는 이에게 일정한 '제한'을 주는 것과 같다. 그 제한 속에서 자신의 생각을 최대한 표현해야 하므로, 제한이 없을 때보다 훨씬 더 정제된 표현이 나올 수 있다. 어떤 이에게 질문을 할 때도 '100자 이내로 말해 보기', '상대방을 5자로 표현하기' 등과 같은 방식을 취하면 질문을 받은 사람이 더욱더 창의력을 발휘하게 된다는 뜻이다.

나는 이 원리를 내가 가르치던 가정실습 시간에 활용했다. 아이들한테 실습비를 조별로 똑같이 나누어준 다음 '재료비 3만 원, 조리시간 30분, 조리방법 2개 이상, 주제는 닭' 하는 식으로 조건을 제한했다. 여러 조건을 충족해야 하는 아이들은 실습 전에 토론을 통해 다양한 아이디어를 내놓았다. 자신의 의견이 채택된 아이들은 물론이거니와 의견이 반영되지 않은 아이들도 다시 수정해 생각을 말하는 과정에서 최선의 선택방법을 배울 수 있었다.

실습이 끝난 후 아이들은 결과에 매우 뿌듯해하면서, 최대한 역량을 발휘했을 뿐 아니라 다른 조들의 결과물을 보고 같은 조건에서 다른 결과를 도출할 수 있다는 걸 확인하고는 매우 흥미로워했다. 반면, 실습을 하다 보면 생각대로 잘 안 돼 망치는 경우도 있는데, 그럴 때 순발력과 문제 해결 능력을 발휘하기도 한다. 이처럼 '제한'은 창의력을 발휘하게 하는 데 유용한 도구이다.

집에서 저녁을 먹고 한자리에 앉아 제한조건이 있는 게임을 해

보자. '성냥개비를 놓고 두 개만 움직여 삼각형 만들어보기', '말할 때 ㅂ이 들어가는 말을 묶음으로 말하기' 등 게임의 종류는 정말 많다('유튜브 퀴즈코리아'에 나오는 영상을 참고로 아이들과 게임을 해보면 무척 재미있다). 그리고 게임에서 이긴 사람에게 간식 선택권을 선물로 주자. 가족과의 즐거운 게임은 아이들의 창의력을 높이면서 서로 관계를 친밀하게 하는 데에도 도움을 준다.

낯선 것끼리 결합시키기

이탈리아 피자에 우리나라 김치를 얹어 만든 김치피자를 먹어본 적이 있다. 이처럼 우리 주변에는 기존에 있던 것과 새로운 것을 연결하고 변형해 새롭게 탄생하는 물건들이 많다. 스마트폰이 그렇고, 롤러스케이트가 그렇다.

창의력을 '이 세상에 존재하지 않는 그 무엇을 만드는 힘'이라고 생각하면 오해다. 나는 기존에 있던 것들을 융합시키는 힘이라고 보는 게 더 정확하지 않을까 생각한다. 이 세계에 존재하는 모든 기술은 결국 오랜 시간 동안 여러 분야가 융합하면서 발전해 온 결과물이니 말이다. 요즘 유행하는 '창직(創職)'이라는 개념도 과거에 이미 있던 직업을 두 가지 이상 결합해 새로운 직업을 만들어내는 것이나 다름없다.

아이들에게 두 가지 이상을 연결해 새로운 것을 만들면 어떨까 하는 질문을 던져보자. 기술적인 문제는 차치하고 일단 아이들의 생각, 정답이 없는 문제를 자꾸 생각해 보게 하는 것이다. 'TV+전구=?', '슬리퍼+체중계=?'와 같이 엉뚱해도 상관없다. 가족끼리 매일 이런 활동을 한 가지씩만 꾸준히 해보자. 가족 간에 재미있는 이야기들이 끊임없이 쏟아진다.

늘 익숙한 환경에서 벗어나 낯선 환경을 접해 보는 것도 창의력 향상에 도움이 된다. 대표적인 게 여행이다. 낯선 환경에서 낯선 사람들과의 만남으로 새로운 생각을 이끌어낼 수 있기에 국내든 국외든 다 좋다. 그리고 살던 곳에서는 볼 수 없던 낯선 것은 무엇인지, 그것과 무엇을 접목하면 좋을지 아이들에게 물어보자. '천재는 최단기간에 가장 많은 실수를 하는 사람'이라는 말이 있다. 아이가 그냥 생각나는 대로 말할 수 있는 분위기를 만들어주자. 그래야 부담 없이 생각이 떠오르는 대로 자유롭게 말할 수 있다.

또 부모는 아이의 이야기를 듣고 적절한 질문을 통해 아이가 해답을 찾아갈 수 있도록 도와야 한다. 방향을 잡아갈 수 있도록 질문을 던지고, 함께 책을 찾고, 검색을 하는 등 답을 찾으려는 시도를 해야 한다. 그 와중에 문제점을 발견하면 돌파하려고 노력하고 극복할 수 없는 문제라면 포기하게 되는데, 이러한 모든 과정을 통해 아이는 자신의 창의력을 현실로 만드는 방법을 찾아가게 될 것이다.

정답이 없는 질문, 새로운 물음을 던져야 한다. 답이 없는 상황에서 뭔가를 찾으려 노력할 때 창의성이 발휘된다. 하지만 창의성을 발휘하려면 해당 영역의 기본적인 지식을 갖추어야 가능하므로 책을 많이 읽을 수 있는 환경 또한 기본이 되어야 한다.

Tip

- (실제 포항공대 출제 문제) 우리나라 압구정동 미용실 개수는?

- 사과 바구니에 사과가 가득 담겼다. 어떤 것부터 먹는 게 좋을까?(예 : 맛있게 생긴 것, 약간 썩어서 맛이 가려고 하는 것 등)

- 내가 100년 전으로 돌아가게 된다면 이익과 손실은?

- 10년 후 나는 아침 10시에 무엇을 하고 있을까?

일상의 모든 대화를
질문으로 바꾸기

"고래랑 호랑이랑 싸우면 누가 이겨요?"

"사슴하고 토끼랑 싸우면요?"

"구름은 왜 둥둥 떠 가죠?"

나는 아이들을 키울 때 엉뚱한 질문을 참 많이 받았다. 그때마다 어떻게 답해야 할지 몰라 당황했고, '난 왜 이런 게 한 번도 궁금해본 적이 없었지?'라는 생각도 들었다.

답을 잘 모르는 건 "엄마도 잘 모르겠는데 같이 찾아보자."라며 어린이 백과사전 등 여러 종류의 책을 함께 찾아보기도 했다. 의도한 바는 아니었지만, 이후에 놀랄 만한 교육적 효과가 나타났다. 아이는 책을 뒤져 궁금한 것을 스스로 찾아내는 재미를 알게 되었고,

책을 보고 알게 된 사실을 나에게 설명해 주기까지 했던 것이다.

아이의 질문에
즉시 답하지 않기

우리는 흔히 부모는 아이의 모든 질문에 완벽하게 대답해 주어야만 한다고 생각한다. 하지만 내 경우처럼 부모가 잘 몰라서 이 책 저 책을 함께 찾아보는 과정을 통해 아이는 책을 좋아하게 되고 독서의 중요성을 깨닫게 될 때도 있다. 그런 면에서 나는 설사 부모가 잘 알더라도 "글쎄 잘 모르겠는데, 우리 한번 같이 찾아볼까?"라고 하는 것이 훨씬 더 바람직한 대답이라고 생각한다.

요즘에는 스마트폰으로 쉽게 검색이 가능하다. 하지만 우선 책을 찾아보게 하는 게 좋다. 스마트폰보다 시간은 더 많이 걸리지만 찾는 과정에서 뜻밖의 새로운 사실을 알아낼 수도 있다. 마치 모르는 길을 찾아 헤매다 생각지도 못했던 의외의 길을 발견하는 것과 같다. 책을 찾아도 없다면 스마트폰을 사용해도 좋다. 검색어를 어떻게 하느냐에 따라 내용이 전혀 다르게 나온다는 사실을 알게 되면, 전철이나 버스를 타고 가다 갑자기 어떤 생각이 났을 때(책을 찾아볼 수 없는 환경일 때) 스마트폰을 이용해 빠르게 검색하는 방법을 배울 수도 있다.

일상생활에서 질문만 잘 활용해도 상당한 학습효과를 낳을 수 있다. 아이와의 대화에 질문을 많이 넣거나, 아이가 질문을 했을 때 바로 답을 이야기하지 않고 "넌 어떻게 생각해?", "너라면 어떻게 했을 것 같아?", "왜 그랬을까?"라고 되물으면 아이는 생각하는 힘과 스스로 답을 찾는 능력을 키우게 된다.

스스로 답을 찾는 데는 오랜 시간이 걸린다. 대부분의 부모들은 아이가 답을 찾기 위해 오랜 시간 헤매는 상황을 참지 못한다. 심지어 시간낭비라 여기며 대신 답을 찾아주기도 한다. 하지만 시간이 오래 걸리더라도 자신의 의지와 노력으로 궁금증을 해결해 나가는 경험들이 쌓여야 자기주도력을 갖추게 된다. 천천히 답을 구해 가는 과정을 즐기고, 그 속에서 배움의 기쁨을 체득할 수 있도록 기다려주자.

질문도 연습이 필요하다

2010년, 서울 G20 정상회담 폐막식에서 미국의 오바마 대통령은 한국 기자들에게 질문할 기회를 주었다. 이때 한국기자 누구도 질문하지 않아 '왜 우리는 질문하지 않는가?'라는 화두가 사회적 이슈로 떠오르기도 했다. 어쩌면 우리는 올바른 질문법을 배워 본 적이 없어서인지도 모르겠다.

강연에서 아이와의 모든 대화를 질문으로만 해보자고 이야기했더니 한 학부모가 말했다.

"선생님, 우리 애에게 '너는 왜 공부를 못하는 것 같아?'라고 물었더니 아무 대답도 안 하던데요?"

사실, 우린 올바르게 질문하는 법을 잘 모른다. 질문할 때는 중요한 원칙 하나가 있다. 바로 부정적인 질문은 피하는 것이다. 상대방을 비난할 의도를 감추고 질문하는 건 절대 금물이다. 만약, 같은 질문을 한다면 '우리가 어떻게 하면 공부를 잘할 수 있을까?'로 바꾸어주는 게 훨씬 좋다.

아이를 성장시키는 질문법

▶ 책에 나온 문장을 질문으로 바꾼다.

　ex)돈이 많으면 행복하다→돈이 많으면 행복할까?

▶ 아이의 이야기에 응답하며 질문한다. 질문의 끝은 "함께 알아보자(찾아보자)."와 같은 말로 끝내면 좋다.

　ex)엄마, 오다가 너무 예쁜 고양이를 봤어요.→어떻게 생겼는데 예쁘다는 생각이 들었어?→털이 길고 눈이 초록색이야.→그래? 그럼 그렇게 생긴 고양이를 뭐라고 부르는지 우리 같이 찾아볼까?

▶ 아이가 침울하거나 속상해할 때 "엄마(아빠)가 도와줄 일은 없니?" 하고 물어본다.

무심코 던진 질문이 세상을 바꿀 수 있다는 말이 있다. 좋은 질문을 통해 아이들은 생각하고 성장한다. 이제부터라도 아이들과의 모든 대화는 질문으로 바꾸어보자.

하버드 대학교의
두 가지 질문

하버드 대학에서 학생을 뽑을 때 두 가지 질문을 한다고 한다. 꼭 하버드 대학을 가기 위해서가 아니라 어려서부터 우리 아이들이 이 질문에 대한 답을 가지고 살면 좋겠다는 생각이 들어 소개한다.

첫 번째 질문. 너는 누구야?

"야, 내가 누군지 알아? 난 대기만성형이야!"

어릴 때 다른 아이들보다 말하는 것도, 한글 떼는 것도 늦었던 아들이 주눅 들지 않게 하려고 난 아들에게 "넌 대기만성형이다." 라고 말해 준 적이 있었다.

"큰 그릇을 만들려면 오랜 시간이 필요하잖아. 넌 크게 될 사람이라 남들보다 그릇 만드는 시간이 오래 걸리는 거야."

아이는 그 말을 기억하고 낯선 제주도에서 자기와 놀아주지 않는 아이들을 향해 큰소리를 질러댔다.

사람은 자신이 어떤 사람인지, 자신의 가치가 어디에 있는지를 알아야 스스로에 대한 믿음을 가질 수 있다. 자신에 대한 믿음이 있으면 어떤 어려움에도 쉽게 좌절하거나 실망하지 않고 모든 일을 꾸준히 그리고 열심히 해낼 수 있다. 우리 아이들에게 스스로가 얼마나 소중한 사람인지 알려주고, 무엇을 좋아하고 잘하는지, 언제 행복한지 생각할 수 있게 해주자.

사실, '너는 누구야?'는 어른들이 대답하기에도 어려운 질문이다. 그러니 아이들에게는 "너는 어떤 일을 할 때 행복해?", "사람들이 너를 어떤 사람으로 기억해 주면 좋을 것 같아?" 등으로 바꾸어 질문하는 것이 좋다. 이런 질문 속에서 자꾸 자신을 돌아보고 자신의 정체성을 찾을 수 있기 때문이다.

"넌 어떤 일을 할 때 제일 행복할 것 같아?"라고 질문했을 때 "백수"라고 대답했다고 화를 내서는 안 된다. 비록 답이 부모의 마음에 안 들더라도 화를 내기보다는 순수하게 아이의 이야기에 공감해 주어야 한다. 오히려 환하게 웃으며 "정말 멋진 생각인데? 사실 누구나 백수로 사는 게 꿈 아닐까? 그럼 백수로 살기 위해 돈은 어떻게 마련하면 좋을까?" 하고 되묻는 등 어떤 경우에도 부모가 결론을 내리지 말고 수시로 질문하는 게 좋다. 질문을 통해 아이가 자신만의 답을 찾아야 스스로 행동하려는 동기가 생긴다.

두 번째 질문. 우리 대학에서 당신을 뽑아야 하는 이유는?

현재 고려대학교에서는 자기소개서 4번 자율문항에 지원동기와 함께 이 질문을 하고 있다. 취업을 할 때에도 면접관이 종종 같은 질문을 하는데, 지원동기에 대해서는 비교적 대답하기 쉽지만, 우리 대학에서 당신을 뽑아야 하는 이유를 물으면 아이들은 잘 답변하지 못한다. 왜 그럴까?

이 같은 질문에 대답을 하려면 자신이 가진 능력을 스스로 규정하고 어필할 수 있어야 한다. 자신의 강점을 평소에 본인이 알고 있어야 하고, 그 분야에서 어떤 노력을 해왔으며, 성과가 어떻게 나타났는지를 설명할 수 있어야 한다. 아이들은 의외로 자신의 강점을 잘 모른다. 대부분 성적을 기준으로 평가받았을 뿐 다른 일로 평가받아 본 적이 거의 없기 때문이다.

학급회의 시간에 자신의 강점을 발표해 보도록 했더니 예상과 달리 자신의 강점이 없다고 답하는 아이들이 대부분이었다. 방법을 바꾸어보았다. 자신이 남다르게 노력해서 이룬 성과를 발표하거나, 다른 친구들이 그 친구를 보면서 부러워했던 점, 잘한다고 생각하는 일, 나중에 어떤 직업을 가지면 성공할 것 같은지 등을 자유롭게 발표하게 했다. 그랬더니 자신의 강점을 잘 어필하지 못했던 아이들도 친구들이 해주는 칭찬을 듣고는 부끄러워하면서도 기뻐했다. 그동안 이런 기회를 왜 갖지 못했을까 하는 생각에 많이 안타까웠다. 집에서도 우리 아이의 강점을 발견하고 칭찬하는 시간을 가져야 한다.

《어떻게 능력을 보여줄 것인가》의 저자 '잭 내셔' 박사는 "당신이 갖고 있는 실제 능력이 아니라 상대에게 인지된 능력이 훨씬 더 중요하다."고 말한 바 있다. 내가 가진 능력을 효과적으로 드러냄으로써 상대가 믿도록 만드는 게 중요하다는 의미이다.

자신이 가진 남다른 강점을 잘 발현시켜 사람들에게 전해야 기회를 잡을 수 있다. 우리 아이들이 자신의 능력을 사람들에게 잘 어필할 수 있게 하려면 이런 질문을 수시로 해보아야 한다.

생각의 크기를 키우기 위한
소소한 방법

나는 방학 때면 아이들과 시댁이 있는 제주도에 가서 며칠씩 지내다 오곤 했는데, 그럴 때마다 아이들은 평소와 다른 풍광들을 보면서 다양한 배움을 경험했다. 제주도의 사투리가 다른 지역의 사투리와 확연히 다르다는 것, 제주도는 바람이 세 건물을 높게 지을 수 없다는 것 등. 그래서였는지 유난히 눈이 많은 북유럽의 집들이 뾰족한 삼각형 모양을 한 이유를 아이들은 단번에 연관 지어 생각해 냈다.

진짜 공부는 성적만 올리는 게 아니다. 변화무쌍한 세상에 적응하고 주도하면서 살아가는 힘을 키우는 게 공부다. 그러기 위해서는 그저 책의 내용만 외우는 공부를 해서는 안 된다. 다양한 환경과 상황을 접하면서 그걸 통해 세상을 배워야 한다.

여행은 좋은 학습장! 아이에게 미션을 주자

가족여행을 갈 때는 다양한 체험활동을 함으로써 생각의 크기를 키워주도록 해보자. 예를 들어, 여주 도자기 축제에 갔다면 그곳에서 도자기 흙 밟기 체험이나 칠보를 이용한 액세서리 만들기, 도자기 만들기 등의 체험을 해보는 것이다. 여행을 떠나기 전에 아이에게 체험하고 싶은 것을 미리 찾아보게 하면 더 좋다. 스스로 궁금한 내용을 수첩에 기록해 직접 알아보고 체험하게 되면 훨씬 더 많은 것을 배울 수 있다. 또 "여주장터에서 많이 파는 물건 3개 이상 말해 볼 사람!", "만약 네가 여주시장이 되어 축제를 만든다면 어떤 축제를 만들고 싶어?" 하는 식으로 질문하고 대답해 보게 하면 억지로 외우지 않아도 저절로 그날의 체험이 기억에 남게 된다.

여행을 다녀온 후에는 당시 경험했던 것들, 그에 대한 감정과 생각, 관련해 더 알아보고 싶은 내용 등을 기록해 두도록 하자. 인터넷 개인 블로그를 만들어도 좋고, 가족밴드를 만들어 사진과 함께 느낌, 새로 알게 된 사실을 기록해도 좋다. 사람의 기억에는 한계가 있기 때문이다.

초등학교 고학년 이상이라면 직접 여행계획을 세우게 해보자.

'50만 원 범위에서 4인 가족이 2박 3일 여행을 떠난다면 어디로 가면 좋을까?' 질문을 한다. 무조건 여행계획을 세워 보라고 하면 막막할 수 있으니 처음 미션을 맡길 때에는 부모가 다음과 같은 순서대로 과정을 안내해 주는 게 좋다.

① 여행 주제 정하기(힐링 코스, 역사 및 문화탐방, 놀이체험 등으로 분류).
② 주제에 적합한 장소 알아보기.
③ 여행지가 결정되었으면 여행경비를 고려한 숙식 및 여행 세부계획 세우기.

이 같은 식으로 연습을 하다 보면 논리적인 사고력을 키울 수 있다. 요즘 교육과정에 새롭게 들어간 코딩교육도 결국은 이런 논리 순서를 따져 실행해 보는 것과 같은데, 이처럼 미션 수행을 많이 해본 아이들은 프로젝트 수업에서도 두각을 나타낼 뿐만 아니라 스스로 기획력이 있다고 생각한다.

내가 근무했던 한 고등학교에서는 반별로 아이들이 계획해 수학여행을 다녀온 적이 있었다. 모든 일정표를 자신들이 논의해 정해서인지 만족도가 매우 높았다. 혹 자신의 생각과 다른 결정이 내려졌더라도 협조하는 성숙한 태도를 보여 친구끼리의 관계도 좋아졌다. 학교에 의해 수동적으로 떠난 수학여행에 비해 여행에서 배우고 느낀 점도 훨씬 많았다. 보너스로 자기소개서에 쓸거리도 풍성해진데다 이때의 경험을 대학에 어필해 입시에도 많은 도움을 받았다. 아이들은 그런 성공의 경험이 바탕이 되어 자존감이 높아졌다.

일상공간에서도 볼거리는 다양하고 충분하다

꼭 체험활동을 떠나야만 아이가 생각의 크기를 키울 수 있는 것은 아니다. 부모가 아이들과 같이하는 시간 모두가 다 체험의 시간이라고 해도 과언이 아니다.

아이들과 마트에 가서 장을 보는 것조차도 집공부의 연장으로 활용할 수 있다.

"10만 원 범위 안에서 일주일간 먹을 장을 봐야 하는데 우리가 뭘 사면 좋을까?"

이렇게 물으면 된다. 수학공부, 경제공부가 저절로 될 뿐만 아니라 돈을 초과했을 때는 물건을 더 살 수 없다는 것, 따라서 필요성이 높은 물건을 먼저 사야 한다는 소비의 원리도 저절로 배우게 된다. 또 물건에 따라 부피와 무게로 구분되며 단위도 다르다는 사실도 알게 된다. 마트의 김 코너에 갔다면 대천김, 광천김, 서천김 등 다양한 지역에서 김이 생산된다는 걸 배울 수도 있는데, 이때 김이 해조류라는 것과 바닷가 해풍으로 잘 말릴 수 있는 지역에서 난다는 걸 설명해 주면 더욱 좋을 것이다.

매일 드나드는 마트나 시장마저도 이처럼 아이들의 사회와 수학 등 다양한 공부를 할 수 있는 살아 있는 체험장이나 마찬가지다. 마트만 가도 하루 종일 이야깃거리가 쏟아져 나올 수 있다!

영화 속에서 진로를 찾다

회사에 다니면서 모기지론으로 집을 사고, 할부로 산 고급 외제차를 몰며, 골프를 치러 다니는 세 명의 샐러리맨 이야기를 다룬 영화가 있다. 〈더 컴퍼니 맨(The Company Men)〉이다. 수억 달러의 스톡옵션을 가지고 있는 CEO가 자신의 부를 지키기 위해 신축건물은 팔지 않고 수천 명의 직원을 해고하는 방식으로 문제를 해결하려 하는 와중에 회사에서 해직된 세 가족의 이야기로, 많이 공감되는 내용이었다. 그리고 이 영화를 통해 나는 '재취업 주선회사'라는 새로운 직업을 하나 발견할 수 있었다. 우리나라의 직업소개소와는 다른 의미에서 정리해고가 된 사람들의 재취업을 위해 동기부여를 하고, 사무실도 임대해 주며, 이력서 작성을 도와주는 회사이다. 또 다른 영화 〈인디 에어(In the air)〉에서는 '해고전문가'라는 새로운 직업을 발견할 수 있었다.

이처럼 나는 해외 영화나 드라마를 보면서 현재 우리나라에 없는 직업이나 풍경을 눈여겨보는 습관이 있다. 갑자기 영화 얘기를 꺼낸 이유는 영화 속에서도 생각지 못했던 진로를 발견해 낼 수 있기 때문이다. 특히 해외영화를 보다 보면 이처럼 우리나라에 없는 직업이 나올 때가 있다.

아이와 함께 영화의 장면 속에서 우리나라에 현존하지 않는 직업을 찾아보자. 재미도 있지만 그런 직업이 실제로 몇 년 후에 우리나라에 생기는 것을 보면 신기할 때가 있다.

아이들은 어떤 것을 보더라도 그것에서 스스로 배울 점을 발견해 낼 수 있도록 자극에 민감하게 열려 있어야 한다. 그래야 100세 시대에 앞으로 여러 개의 직업을 경험하며 살아야 하는 우리 아이들이 늘 새로운 것을 발견하고 배우는 힘을 가질 수 있다.

학교 홈페이지
100배 활용하기

　종례를 마치고 돌아간 아이들의 책상 위를 보면 받은 가정통신문을 그대로 두고 가는 아이들도 많다. 초등학교 저학년들과는 달리 점점 커 갈수록 가정통신문이 부모들에게 잘 전달되지 않는다고 한다.

　그렇다면 아이들이 부모님께 가정통신문을 전달하지 않는 이유는 뭘까? 습관적으로 잘 챙기지 못할 수도 있고, 부모가 학교 일을 알고 참견하는 게 싫어 전달 안 할 때도 있는 것 같다. 때문에 어떤 학교는 비효율적인 종이 가정통신문을 없애고 모든 활동내용을 학교 홈페이지에 공개하기도 하며, 회신을 받아야 할 설문은 스마트폰으로 연결해 답을 받아내기도 한다. 그러므로 부모는 아이가 초등학교에 입학하면서부터는 반드시 학교 홈페이지를 즐겨찾기에 추가해 놓고 수시로 드나들어야 한다.

학교와의 소통이 중요하다

학교 홈페이지에는 일주일에 한 번씩 정기적으로 방문해 학교에서 이루어지는 활동내용을 확인해 보아야 한다. 그곳에는 시험 일정표뿐만 아니라 학부모 연수, 학교 내의 각종 수상 소식 및 공지사항이 수시로 안내된다. 또 1년에 두 차례 이상 학부모 상담주간이 있는데, 직장에 다니느라 바쁜 학부모들을 위해 저녁에도 희망하는 시간에 상담을 신청할 수 있다. 방문이 어려우면 전화 상담도 가능하므로 이 기간을 꼭 잘 활용해야 한다.

학기 초 선생님과 상담할 때는 주로 아이에 대한 특별한 정보를 감추지 말고 전달해야 한다. 선생님이 내 아이를 이해하는 데 큰 도움이 되기 때문이다. 예를 들어, 어렸을 때 크게 다쳤다거나 아팠던 일, 혹은 학생부에는 기록되지 않은 가정의 어려움 등 선생님이 학생의 환경을 잘 이해하고 지도할 수 있도록 정보를 주는 게 좋다.

다음 상담 때는 그동안 학교생활에서의 변화나 특이사항, 즉 학교생활에 대한 아이의 적응 정도와 기타 교우관계 등을 선생님으로부터 들어야 한다. 그다음에 부모로서 아이의 성장을 위해 어떤 도움을 주어야 하는지 알아보아야 한다.

'내 자녀 바로 알기'
서비스 활용하기

초·중·고 모두 학교 홈페이지에 접속해 '내 자녀 바로 알기'로 들어가면 학생부를 확인할 수 있다. 그러려면 반드시 '학부모 나이스'에 가입해야 한다. 특히 행동특성 및 종합의견과 교과학습 발달상황, 세부능력 및 특기사항(일명 세특)은 고입이나 대입에 있어 가장 중요하므로 다음 해에 꼭 확인해 내 아이에 대한 객관적인 평가로 삼아야 한다. 이 부분은 당해년도에는 블록 처리되어 열람이 불가능하다.

진학을 위한 모든 자기소개서에는 학생부에 기재되어 있는 내용만 쓸 수 있다. 때문에 특히 창의적 체험활동(창체활동)에 언급된 내용 중에 빠진 기록은 없는지 잘 살펴야 한다. 발견 즉시 수정을 요청하면 학업성적 관리위원회 회의를 통해 수정이 가능하다.

나는 〈냉장고를 부탁해〉라는 프로그램을 가끔 본다. 냉장고에 들어 있는 평범하다고 생각하는 재료가 요리로 재탄생하는 과정을 보면 절로 탄성이 나오곤 한다.

학생부도 마찬가지다. 학년부장으로서 아이들과 상담을 하다 보면 학생부에 많은 재료들이 나열되어 있는데, 그중 무엇을 쓸지 잘 모르는 경우가 많다. 별로 싱싱하지 않은 것을 주재료로 삼아 요리를 하겠다고 끙끙대는 아이들이 있는 반면, 재료가 많은데도 써먹지 못하는 경우도 있다. 분명 특별한 재료가 아니어도 훌륭한 요리가 될 수 있듯, 자기가 진정성을 갖고 성실히 노력한 모든 일이 다 비교과이고 자기소개서에 쓸 수 있는 훌륭한 재료가 될 수 있다.

홈페이지를 보면
수행평가 기준을 알 수 있다

학교 교육에서 수행평가의 비중을 높이는 이유는 예전과는 달리 능력 있는 아이보다는 역량 있는 아이로 성장시키는 게 교육의 지향점이기 때문이다. 역량에 대한 평가는 지필평가만으로 불가능하다. 그게 바로 수행평가의 비중을 높이는 이유이다.

2015년에 개정된 교육과정은 융합적 사고가 필요한 사회에 잘 적응하기 위해 문·이과 구분을 없애기도 했지만, 과정 중심 평가를 중요시하고 있다. 다른 사람과의 상대적 비교평가가 아니라 전과 달라진 나를 평가한다는 말이다. 학습과정에서 선생님의 피드백을 받고 변화된 모습을 평가하는 데 의의가 있으며, 수행평가를 60% 이상 배정하면 지필고사는 1회만 봐도 된다.

학교 홈페이지 하단 '학교정보공시 알리미'에 들어가 보면 아이가 해야 할 수행평가를 확인할 수 있다. 수행평가 기준안은 선생님들 각자의 마음대로 하는 게 아니다. 그 교과 선생님들이 함께 모여 몇 번의 회의 끝에 비율을 정한 다음 교육청에 제출해 점검을 받은 것이다. 보통 늦어도 4월 초(2학기는 9월)까지는 학교 홈페이지에 올려놓고 그대로 수행평가를 진행하게 된다. 강연을 할 때면 선생님들이 마음대로 하는 수행평가는 못 믿겠다며 걱정하는 학부모도 가끔 만난다. 하지만 이는 선생님 마음대로 평가항목을 바꾸거나 배점을 바꿀 수 있는 사항이 아니다. 만약 다른 항목으로 평가를 했다면 충분히 민원의 소지가 될 수 있다.

또 공정성을 기하기 위해 먼저 평가기준을 아이들에게 알려주고 수업을 진행하기 때문에 아이들은 어떻게 하면 만점을 받을 수 있는지 다 아는 상태에서 평가를 받는다. 게다가 수행평가 기준에 비추어 내 점수가 잘못되었다고 판단되면 선생님에게 평가과정을 직접 확인받을 수 있다. 당연히 선생님은 수행평가의 전 과정을 근거자료로 남겨두어야 한다.

상급학교에 진학하려 할 때 어느 학교를 가야 할지 고민이 된다면 관심 있는 학교들의 '학교정보공시 알리미〉상세정보〉학생현황'에 들어가 보자. 졸업생의 진로현황(특목고 진학률이나 대학 진학률 등)을 알 수 있다. 수행평가는 '학교정보공시 알리미〉상세정보〉학업성취도(제일 하단에 있음)'에 들어가 교과별(학년별) 평가기준안을 살펴보면 된다. 교사에 따라 수행평가 항목이 달라질 수는 있지만, 수행평가 대 지필평가의 비율 정도는 그대로 가져가는 학교가 많다. 또 상벌규칙이나 학교규정을 알고 싶다면 '학교정보공시 알리미〉상세정보〉교육활동란'을 참고하면 된다.

Chapter
03

집공부 능력자의
사소한 습관

공부 잘하는 아이들은
어떤 습관이 있을까?

공부를 해야 하는
이유를 안다

'10년 뒤 나는 어떤 모습일까?'

학교에서 이 주제로 발표시간을 가져보았다.

"저는 한강을 바라보는 전망 좋은 제 사무실에서 커피를 마시고 있어요. 잠시 후 있을 미팅도 구상하고, 일주일 뒤 약사회 해외 포럼 참가를 위한 준비물을 체크하고 있죠."

"음…… 저는 그냥 잘살고 있을 것 같아요."

공부 잘하는 아이들의 대부분은 친구들처럼 놀고 싶지만 참고 공부하는 아이들이다. 10년 뒤 자신의 모습을 제법 분명한 형태로 상상하며, 하고 싶은 놀이는 뒤로 미루고 지금 꼭 해야 할 일에 집중한다. 목표가 있으니 노력하게 되고 남보다 좋은 성과를 얻어낸다. 누구나 노는 게 즐겁지만, 그럼에도 힘든 공부를 택하는 이유는 조금만 참고 견디면 반드시 더 좋은 일이 생긴다는 자기 확신에서 비롯된다. 지금의 노력이 절대 헛되지 않을 뿐만 아니라 노력하면 더 발전할 수 있으리라는 자신에 대한 믿음인 것이다.

반면, 10년 뒤 모습을 구체적으로 그려내지 못하는 아이들도 있다. 자신이 무엇을 좋아하는지 모르거나, 미래에 되고자 하는 꿈을 정하지 못했거나, 열심히 노력해서 좋은 결과를 얻어 본 경험이 별로 없어서일 수도 있다. 세 경우 모두 열심히 해야겠다는 동기부여를 느끼기 어렵다. 자신이 무엇을 하고 싶고, 무엇을 잘하는지에 대한 통찰이 생겨야 비로소 미래를 계획하고 꿈꿀 수 있으며 열정이 생기기 마련인데, 자신을 모르니 목표도 생기지 않는다.

어려운 환경에서 성공한
사람들의 이야기 들려주기

"어려운 가정형편 때문에 대학은 일찌감치 포기하고 술집으로 당구장으로 돌아다니며 싸움꾼 고교시절을 보냈다. 싸움도 술도 오토바이도 다 시시껄렁해지던 스무 살, 공부에 대한 열정이 열병처럼 찾아왔다. 그동안 포크레인 조수, 오락실 홀맨, 가스 · 물수건 배달, 택시기사, 공사장 막노동꾼 등 여러 개의 직업을 전전했다.

일을 해야 할 땐 일에 몰두하고 공부를 할 땐 공부에만 매달렸다. 그러던 1996년 1월, 난생 처음 1등을 하며 서울대 인문계열에 수석합격하였다." -장승수,《공부가 가장 쉬웠어요》 중에서

　　그렇다면 어떻게 자신의 삶을 능동적이고 긍정적으로 펼쳐나가는 데 필요한 동기부여를 해줄 수 있을까? 나는 아이들에게 어려운 환경을 극복하고 성공을 이뤄낸 사람들의 이야기를 종종 들려주었다. 고전적인 방법이긴 하지만 의외로 효과가 있다.

　　내가 들려주는 이야기들은 '태어날 때부터 위인' 같은 이들의 성공 스토리가 아니다. 우리와 전혀 다를 바 없는 평범한, 어쩌면 더 어려운 환경 속에 놓여 있던 이들이 자신의 미래를 꿈꾸며 열심히 노력한 이야기다. 유명인들의 잘 알려지지 않은 면면을 소개함으로써 사람들이 살아가는 모습이 별로 다르지 않음을, 마음먹기에 따라 자신의 인생을 얼마나 크게 변화시킬 수 있는지를 알려준다. 사람은 도전해서 성공할 가능성이 있을 때 힘을 내게 되고, 자기도 한번 해볼 만하다는 긍정적인 마음을 갖게 된다.

배움의 효용성을 일깨워
흥미를 유발시킨다

"이런 내용을 배우면 어디에다 써먹을 수 있어요?"
"그냥 시험 때문에 공부하는 거잖아요."

아이들이 이런 질문을 할 때가 있다. 학교에서 배우는 여러 종류의 과목들은 얼핏 보면 그다지 실용적으로 보이지 않는다. 수학의 시그마와 루트, 화학의 원소기호가 살아가는 데 무슨 도움이 되나 하는 생각이 들면 흥미가 떨어져 공부할 맛이 안 난다.

이럴 때는 배운 것을 생활 어디에 활용할 수 있는지를 차근차근 설명해 주면 된다. 지필평가만을 위한 공부가 아니라 살아가는 데 꼭 필요한 것임을 인식하게 만드는 과정이다. 지금 자신의 골치를 썩이는 공부가 나중에 분명 쓸모가 있다는 사실을 알게 되면 아이들은 훨씬 진지하게 수업을 잘 듣게 된다. 게다가 같은 수업내용이라도 이와 관련된 대학교 학과를 소개한다든지, 그것에서 파생된 직업을 알려주고 실제 성공한 사람들의 이야기까지 덧붙이면 수업에 집중할 수밖에 없다.

예를 들어, 소수(1보다 큰 자연수 중 1과 자기 자신 이외의 자연수로는 나누어지지 않는 수)를 배운다면 소수의 불규칙성 때문에 정보기술의 암호화에 쓰이고 있다는 사실, 또 포물면으로 만들어지는 자동차 전조등은 '축에 평행하게 입사한 빛은 포물면에 반사되어 초점으로 들어간다.'는 수학적 원리를 이용한 것임을 알게 된다면 아이들은 수학 공부에 더욱 재미를 느낄 수 있을 것이다.

실제로 성적 우수자들 중에는 교과서에 있는 '더 알아보기'를 읽고 수업에 흥미가 높아졌다고 말하는 아이들이 있다('더 알아보기'에는 교과 내용이 어디에 쓰이고 있는지에 대한 간단한 설명이 나온다). 영어 시간에 알게 된 문장이 영화 속에 나오면 신이 나서 더 열심히 영어 문장을 외우게 된다. 자신이 배워서 알게 된 내용이 실생활에서도 잘 활용될 수 있다는 믿음이 생겼기 때문이다.

공부 잘하는 아이들의 특징으로는 이처럼 배워서 알게 된 지식을 스스로 실생활과 연관 짓기 좋아한다는 장점이 있다. 생물 시간에 단백질의 응고현상을 배웠다면 가족끼리 외식을 나가 고기를 구우면서, 혹은 삶은 달걀을 먹으면서 단백질의 응고현상을 연관시키기도 한다. 배운 내용을 쉽게 이해할 뿐만 아니라 오래 기억하는 이유이다.

이 같은 방식으로 공부를 흥미롭게 하다 보면 자신이 노력한 만큼의 결과를 얻을 수 있다. 그리고 자신의 기대만큼 결과가 나오면 다음 학습단계의 동기 유발로 이어진다. 따라서 학교에서 배우는 것들을 그냥 지식으로만 받아들이게 할 게 아니라 생각을 확장시켜 주는 형태로 나아가야 한다. 스스로 재미를 느껴서 하는 일의 효과가 가장 크다는 사실을 기억해야 한다.

결과보다
과정을 즐긴다

"엄마, 오늘 시험 봤어. 58점!"

아들이 초등학교 4학년 때의 일이다. 학교 행사 덕에 일찍 퇴근한 엄마를 보고 기분이 좋아져서인지 온 동네가 떠나가라 엄마를 부르며 내뱉은 말이다. 평소에 "시험은 결과가 중요한 게 아니라 어제 몰랐던 걸 알아가는 게 더 중요하다."고 누누이 강조했지만, 성적이 생각보다 나빠 솔직히 기분이 별로 좋지 않았다. 그럼에도 내색을 하지 않고 물었다.

"수고했어. 우리 아들! 최선을 다한 거지?"

"응. 나 놀다 들어갈게."

뭐라 말할 틈도 없이 아들은 뒤도 돌아보지 않고 공을 들고 나가

버렸다. 실컷 놀고 들어와 기분이 한껏 더 좋아진 아이에게 한마디 건넸다.

"공부는 어제 몰랐던 걸 알아가는 거니까 앞으로 공부를 더 열심히 하면 점점 모르는 게 줄어들 거잖아. 그러면 시험성적은 더 좋아지겠지?"

"당연하지."

"그런데 최선이라는 건 네가 할 수 있는 한 아주 열심히 하는 걸 말하는 건데, 앞으로 시험 볼 때는 어떻게 열심히 할 거야?"

"음…… 선생님 말씀 잘 듣고, 시험 볼 때 문제를 아주 잘 읽어보고 답을 쓸 거야."

아들은 자신 있게 큰소리를 쳤다. 아들의 시험점수는 다행히도 조금씩 올랐다. 5학년이 되어 처음으로 78점을 맞았을 때 남편은 환하게 웃으며 아들을 격려했다.

"장하다. 우리 아들! 아빠는 너만 할 때 네 점수 반도 못 맞았어. 넌 아빠보다 훨씬 더 훌륭하게 될 거야."

아빠의 칭찬에 기분이 좋아 환하게 웃는 아들에게 내가 물었다.

"그런데 지난번보다 성적이 오른 비법이 뭐야?"

"솔직히 말해 내가 전에는 수업시간에 다른 생각을 많이 했는데, 요즘에는 선생님 말씀을 더 잘 듣고 있어."

"그렇구나. 그럼 집에 와서 선생님께 들은 내용을 한 번 더 공부해 보면 엄청나게 성적이 오르겠는걸! 학교에서 배운 걸 집에 돌아와서 선생님이 하시는 것처럼 우리에게 이야기해 줄래?"

"알겠어."

아이들은 어떻게 공부를 해야 하는지 사실 잘 모른다. 때문에 차근차근 공부해 가는 과정을 스스로 깨우치도록 도와줄 필요가 있다.

그렇게 점점 수업 집중도가 높아진 아들은 6학년이 되면서 처음으로 90점 넘는 점수를 받았고, 그 경험 덕분에 자신은 공부를 잘할 수 있다는 생각을 갖게 되었다. 그리고 한번 자신에 대한 믿음이 생긴 다음부터는 더 열심히 공부하게 되었고, 당연히 노력한 만큼 성적은 계속 좋아졌다.

나는 우리 아이가 성적이 오른 비결이 단지 결과만을 중요시한 게 아니라 공부하는 과정을 중요시했기 때문이었다고 생각한다. 자신이 할 수 있는 만큼 최선을 다해 노력한다면 그 자체를 인정해 주어야 한다. 결과보다 과정을 즐기게 되면 아이들은 부담 없이 배움에 몰입할 수 있다.

결과에 집착하면 부작용이 생긴다

나는 학교에서 많은 아이들을 만나보았다. 부모가 아이의 시험 결과에 지나치게 집착하면 아이는 부모가 원하는 결과를 내기 위해 대놓고 커닝을 하거나, 또 순간을 모면하기 위해 거짓말을 하기도 한다.

중간고사 마지막 날, 종례하러 교실에 들어갔다 들은 이야기다.

"나, 망했어. 집에 가서 뭐라고 말하지?"

"성적표도 나오기 전에 망했다고 말할 필요는 없지. 그냥 시험 잘 봤다고 해."

"그러다 성적표 나와서 거짓말이 탄로 나면 어떻게 해?"

"실수로 깜박 잊고 주관식 안 썼다고 하면 돼. 난 시험 잘 봤다고 거짓말했더니 오늘 아빠가 외식시켜 준대."

부모가 결과에 지나치게 집착하게 되면 아이들은 성적을 올리기 위해 애쓰기보다는 다른 방법으로 결과를 바꾸려 한다. 소위 말하는 잔머리를 쓰는데, "배우지도 않은 게 나왔다.", "선생님이 감독하면서 왔다 갔다 해서 시험에 집중을 못했다.", "감독 선생님이 계속 내 앞에 서 있어서 부담스러워 시험을 못 봤다." 등 자기가 못 본 시험의 책임을 교사에게 돌리려 한다. 핑계를 대는 것이다. 실제로 내가 근무하던 학교에서 이런 학생 때문에 부모가 교육청에 민원을 제기해 여러 번 감사를 받는 해프닝도 있었다.

"선생님, 저 공부 못하는 반에 넣어주시면 안 돼요?"

2월 반 편성을 앞두고 한 학생이 졸졸 쫓아오며 말했다. 이유가 궁금했던 내가 "그게 무슨 말이야?"라고 물었더니, 아빠가 반 석차가 떨어지면 자기를 때린다는 얘기였다. 그러니 공부 못하는 아이들만 모아 반을 하나 만들고, 거기에 자기를 넣어 달라는 말이었다.

성적이 떨어지면 부모에게 매를 맞는다는 아이들이 생각보다 많다. 그런 아이들은 안타깝게도 안 맞는 데 목표를 둔다. 부모는 때려서라도 공부를 잘하게 만들어야 한다는 생각에서 그럴지 모르겠지만, 두말할 것 없이 잘못된 체벌일 뿐만 아니라 아이의 공부 목적을 흐려놓는다는 점에서도 매우 안 좋은 방법이다. 아이가 자기 미래를 위해 공부하는 게 아니라 부모에게 맞기 싫은 절박한 마음으로 공부해야 한다니 이 얼마나 슬픈 일인가!

성적 때문에 죽고 싶은 아이들

해마다 성적을 비관해 죽음을 선택하는 아이들이 있다. 여성가족부에서 발표한 '2018년 청소년 통계'에 따르면 청소년 자살률은 2016년 기준 10만 명당 7.8명이며, 10년째 대한민국 청소년 사망 원인 1위가 자살이라고 한다. 또 한국청소년정책연구원의 '한국 아동·청소년 인권 실태조사'를 보면 청소년이 죽고 싶은 이유 1위는 학교성적(41.9%)이고, 그다음이 가족 간 갈등(24.5%)이라고 한다. 더 심각한 사실은 청소년들뿐 아니라 초등학생들에서도 자살률이 조금씩 증가하고 있다는 점이다.

많은 전문가들의 연구에 의하면 청소년 자살은 다분히 충동적인 경향이 있다. 따라서 평소 꾸준한 상담과 모니터링을 통해 자살징후를 미리 발견하고 예방하려는 노력이 필요하다. 학교에서는 학생의 자살징후를 조기에 발견하기 위해 학생정서·행동특성검사를 진행하고 있다. 매년 초등학교 1학년과 4학년, 중학교 1학년, 고등학교 1학년 전체를 대상으로 한다. 성장기 학생들이 흔히 경험하게 되는 정서·행동발달상의 문제를 조기에 발견하고 악화를 예방하기 위한 방편으로, 검사 결과 나타난 관심군 학생에 대해서는 면담조사를 진행한다.

이 검사 결과를 학부모들에게 알려줄 때 교사들은 참 조심스럽고 힘이 든다. 내가 고등학교에 근무했을 때는 늘 학급당 1~2명 정도가 관심군 대상에 속했다. 결과에 따라 먼저 학생과 상담하고 나서 학부모 상담을 진행한 다음, 경우에 따라 더욱 전문적인 기관에서의 상담을 권유하기도 하는데, 그중 한 학생이 기억에 남는다.

순영이는 예쁘고 성격이 밝은데다 공부도 잘하는 편이었다. 집안도 부유하고 교우관계도 좋았다. 그런데 자살 시도 경험이 있다고 대답해 관심군으로 분류된 케이스였다. 기간제 교사로 부임한 지얼마 되지 않아 난감해 하는 담임 선생님을 대신해 학년부장인 내가 상담에 들어가기로 했다. 나는 일단 아이의 얘기를 들어보았다.

"선생님, 저는 매일 죽고 싶은데 죽을 시간이 없어요."

"아니, 그게 무슨 소리야? 아무리 바빠도 중요한 문젠데 어떻게든 시간을 내봐야지."

아이가 죽고 싶다고 말했지만 나는 처음엔 심각하게 반응하지 않았다. 나마저 심각해지면 우울감이 더욱 깊어질 수도 있다는 판단, 그리고 순영이의 기분을 바꿔주기 위해 일부러 가볍게 대꾸한 것이다.

"저는 하루 종일 공부만 하는 기계 같아요. 이렇게 사느니 빨리 죽고 싶어요. 사람은 어차피 죽잖아요."

순영이에게 조심스럽게 그렇게 생각하는 이유를 물어보았다.

"제가 살 수 있는지 들어보세요. 저는 과외 선생님이 일곱 명이에요. 집에 가자마자 국어 선생님이랑 두 시간 수업, 그다음에 수학 선생님 그리고 영어 선생님……."

순영이가 시험성적이 떨어질 때마다 부모님은 과외 선생님 숫자를 늘린다고 한다. 자신의 마음엔 관심도 없고 오로지 공부, 공부 노래만 부르는 부모님이 원망스러워 죽고 싶다는 얘기였다.

"영화에서처럼 목욕탕에 들어가 죽으려고 했어요. 제가 울면서 휴대폰으로 유서를 남기려고 하는데 갑자기 엄마가 노크를 하시더라고요."

욕실 문을 열고 얼굴을 내민 엄마는 "시간이 좀 걸리니? 화장실에서 볼일 보는 동안 이거 읽어."라면서 신문의 사회면 사설을 넣어주었단다. 결국 자살은 시도도 못하고 밖으로 나와 방으로 돌아갔는데, 화장대에 오늘 외워야 할 한자들이 떡하니 붙어 있었다고 한다.

"선생님, 저는 죽고 싶어도 죽을 시간조차 없어요."

흐느끼는 순영이 모습을 보며 너무 마음이 아팠다.

"내가 장담하는데, 너희 부모님은 너를 정말 사랑하셔. 하지만 부모님들도 부모라는 역할을 처음 해봐서 그래. 네가 공부 잘하게 뒷받침해 주는 게 최고의 자식 사랑인 줄로 생각하셔서 그러신 것 같아. 선생님이 부모님과 대화를 해볼 테니 걱정하지 말고, 죽겠다는 생각은 절대 하면 안 돼!"

순영이와 상담을 마친 나는 순영이의 부모님께 연락했고, 며칠 후 어머니가 학교로 찾아오셨다. 순영이의 마음 상태에 충격받은 건 아닐까 걱정했지만, 오히려 어머니는 아무 일 아니라는 듯한 당당한 표정으로 상담실로 들어섰다.

"부모가 자식을 공부시키겠다는데 뭐가 잘못이죠? 선생님이 몰라서 그렇지, 제 친구는 아이한테 저보다 더 많은 과외를 시켜도 아무 문제없어요. 저희 아이가 관심 받고 싶어 일부러 그러는 거예요. 걱정하지 마세요. 제 아이는 제가 더 잘 압니다."

상담하는 내내 벽에 대고 말하는 느낌이었다.

"아이는 지금 부모님께 자기 마음이 너무 아프다고 호소하고 있어요. 정말 사랑한다면 부모님의 방법만을 고집하지 마시고 아이의 생각을 물어보고, 정말 순영이를 위한 길이 무엇인지 다시 한번 생각해 주세요."

어머니는 얘기해 줘서 감사하다는 의례적인 인사를 남긴 채 자리를 떠났다. 이후 순영이는 가출을 감행했다. 학교에 출석은 했지만 전과 달리 공부는 하지 않고 수업시간에 잠만 잤다. 어쩌면 순영이가 자신은 공부하지 않을 테니 포기하라는 메시지를 부모님께 보내고 있는 건 아닐까 싶었다.

세상에서 새로운 뭔가를 배우는 것만큼 재미있는 일은 없다. 그리고 그 배움의 즐거움은 스스로 깨달아야 한다. 그러려면 부모가 결과에 연연하지 않는 상태에서, 아이가 배움의 필요성을 느끼고 자신에게 맞는 공부방법을 찾아 배워낼 수 있도록 믿고 기다려주는 시간이 필요하다.

성적에 대한 부모의 지나친 집착은 아이들에게 '공부 못하는 사람은 쓸모없는 사람'이라는 메시지로 전달될 가능성이 높다. 또 성적에 너무 집착하면 아이들은 배우는 즐거움을 절대 맛볼 수 없다. 누구보다 잘했느냐가 아니라 어제보다 발전한 오늘의 아이 모습을 인정하고 격려해 주어야 한다.

외국어를
우리말처럼 배운다

"엄마, 이거 하마 어떡해?"

딸아이는 어릴 때 경상도 사투리를 잘 썼다. 아이들은 귀로 들은 대로 소리를 내는데, 경상도 출신인 외할머니 손에 자라면서 할머니 말투를 그대로 배운 탓이다. 신앙심이 깊어 오랜 시간 기도를 하거나 소리 내어 성경을 읽는 등 잠시도 조용히 계시지 않는 외할머니 덕에 딸아이는 말문이 빨리 트였다.

한번은 아이를 목욕탕에 데리고 가서 따뜻한 물로 샤워를 시켜 주었더니 "엄마, 얼큰하지?"라고 말해 웃음을 터뜨린 적도 있었다. 어른들의 말을 들으면서 아이는 맞든 틀리든 열심히 들은 대로 표현한다. 이는 영어를 처음 배울 때도 크게 다르지 않다. 먼저 많이 들려주고 익숙해지면 그대로 따라 하게 된다.

흥미 유발이 먼저!
놀이로 시작하기

큰아이가 초등학교 3학년 때였다. 동료 교사로부터 아이들만 집에 있는 시간이 많으니 함께 놀게 해주면 어떻겠냐는 제안을 받았다. 야간 자율학습으로 밤늦게 퇴근하는 일이 잦다 보니 둘이 서로 번갈아 가며 아이들을 돌봐주면 엄마의 빈자리를 메울 수 있을 것도 같아 흔쾌히 응했다.

처음에는 우리 집에서 같이 신나게 놀기만 했다. 그러다 언제부터인가 딸이 생일선물로 받은 원어로 되어 있는 디즈니랜드 만화 시리즈를 열심히 보기 시작했다. 동화를 읽은 터라 대강의 내용은 알아서인지 매일 비디오를 재미있게 돌려보곤 했다.

그러던 어느 날이었다. 간식으로 피자 빵을 만들기 위해 식빵 위에 양파와 쇠고기볶음, 피망, 송이버섯, 치즈 등을 아이들에게 직접 얹어보게 했다. 그때 빵 위에 쇠고기볶음을 올려놓던 딸아이가 물었다.

"엄마, 쇠고기는 영어로 뭐예요?"

"비프(beef)."

"그럼 양파는 영어로 뭐야?"

"어니언(onion)이야."

영어로 된 만화영화를 보고 나서 함께 음식을 만들어 먹는 활동을 하자 아이들은 자연스럽게 식재료 이름을 영어로 알고 싶어 했고, 새로운 단어를 알게 될 때마다 너무 재미있어했다. 그 후로 자주 음식에 관해 영어 단어로 어떻게 표현하는지 질문했고, 자기들끼리만 집에 있을 때도 새로운 단어를 알아보려고 애쓰는 모습이 보였다. 그리고 그렇게 배운 영어 단어를 일상 언어 속에서 한국말과 섞어 말하기를 좋아했다. 예를 들면, "오늘 점심시간에 캐비지 샐러드(cabbage salad, 양배추 샐러드)와 포테이토(potato, 감자) 볶음이 나왔는데 맛이 아주 굿(good)이었어요."처럼 말이다.

딸아이는 친구와 더 많은 단어를 사용하고 싶은 욕심에 경쟁하듯 책을 찾아 단어를 보고, 그 단어가 들어가는 문장을 나에게 말해 주었다. 비록 완벽한 문장은 못 만들었지만, 한글 사이에 단어를 넣어 말하고 문장도 자꾸 읽게 되니 나중에 'Let me see(글쎄)' 등 간단한 숙어 등은 외워서 사용할 수 있을 정도였다. 딴에는 Let me see가 재미있었는지 일부러 Let me see가 들어가는 말을 하려고 애쓰기도 했다.

이렇게 아이들이 처음 영어를 대할 때는 재미로 시작하게 하는 게 좋다. 편하게 받아들일 수 있어야 그다음 단계로 나아갈 수 있기 때문이다.

귀가 트이면
단어를 말할 수 있다

아이들은 원어로 된 만화영화를 생각보다 집중해서 보았다. 처음에는 디즈니의 〈백설공주와 일곱 난쟁이〉를 보았고, 다음에는 〈인어공주〉를 보았는데, 나는 매주 네 가지 정도의 만화영화를 계속 돌아가며 보여주었다. 그러고 나서는 자막이 없는 상태에서 들리거나 아는 단어들을 나열해 보게 했다. 그런 반복을 계속했더니 아이들이 영어를 부담 없이 받아들이기 시작했다. 가끔은 나를 앉혀놓고 자기들끼리 영어로 대사를 주고받을 때도 있었다.

아이들이 영어를 배우기만 하면 부모는 곧 아이가 능숙하게 회화를 할 수 있을 거라고 기대한다. 하지만 영어를 배운다고 바로 회화를 할 수 있는 게 아니라는 건 우리 모두가 다 안다. 영어도 모국어를 배울 때와 마찬가지기 때문이다. 처음 말을 할 때는 문장을 완벽하게 구사하지 못하고 엄마, 아빠, 물 등 단어로만 의사를 표현하다가 시간이 지나면 짧은 문장을 말하는 것과 같다. 그렇게 천천히 표현이 늘어가는 것이다.

단지 단어밖에 말 못한다고 걱정할 필요가 없다. 아이가 "물~" 하고 외치기만 하면 부모는 아이가 목이 마르다는 걸 금방 알아듣고 물을 건네지 않는가! 영어도 처음부터 문장을 완벽하게 갖추어 구사하지 못해도 괜찮다. 아는 단어만으로도 충분히 자기의 뜻을 잘 전달할 수 있다. 우선 들리는 단어를 말해 보게 한 후 그 단어의 뜻을 알려주고 써보게 하자.

　영어 선생님이 듣기평가가 제일 어렵다는 아이와 상담하는 걸 옆에서 지켜본 적이 있었다. 선생님은 아이에게 이렇게 설명했다.
　"한국말 어떻게 배웠어? 글은 몰라도 말은 하잖아. 계속 듣기를 많이 하는 수밖에 없어. 밤마다 듣든 안 듣든 AFKN 방송을 조용히 틀어놓고 지내 봐. 그러다 나중에 영어 발음에 익숙해지면 웬만한 히어링은 다 될 거야."
　그 선생님의 말에 공감한 나는 그날로 카세트 라디오를 두 개 구입했다. 매일 밤 잠자리에 들기 전에 아이들에게 책을 읽어준 다음 조용히 AFKN 방송을 틀어놓고 나왔다. 새벽에 방송이 끝나면 '지지직~' 소리가 나는 게 흠이긴 했지만, 듣기를 강요한 게 아니라 그냥 틀어놓기만 했기 때문에 아이들과 갈등 없이 지속할 수 있었다. 두 아이 모두 그렇게 낮에는 심심하면 자막 없는 원작만화를 보았고, 밤에는 AFKN을 들으며 지냈다. 그 영향인지는 모르겠지만 아이들은 듣기평가에서만큼은 항상 좋은 성적을 유지했다.
　사실 따지고 보면 부모들이 엄청난 비용을 들여 아이들을 외국으로 유학 보내는 이유도 하루 종일 영어를 들을 수 있는 환경에 노출시키기 위해서 아닌가. 하지만 요즘처럼 외국어를 손쉽게 접할 수 있는 세상에서는 굳이 유학을 보내지 않아도 영어를 배울 수 있는 방법은 많다. 우리가 모국어를 잘하는 이유는 하루 종일 숱하게 접하기 때문이다. 외국어도 자주 접하면서 듣고 말하면 충분한 실력을 갖출 수 있다.

원어방송, 앱 등을 활용하기

요즘에는 영어 공부를 하기에 더욱 좋은 세상이 되었다. 디스커버리나 OCN 영화 등을 통해 영어를 쉽게 접할 수 있으며, CNN 뉴스 등은 정확한 발음을 익히는 데 안성맞춤이다. 한글자막이 있을 때는 자막을 없애고 방송을 보게 하면 되는데, 특히 애니메이션의 경우 어린이를 대상으로 만든 것이라 문장이 쉽고 내용이 재미있어 처음 영어를 시작할 때 아주 좋다. 이때 좋아하는 영화가 있다면 여러 번 반복해 보면서 배우의 억양이나 몸짓까지 그대로 흉내 내게 해보자. 게다가 요즘은 '브레인 퀘스트'처럼 연령별로 퀴즈를 통해 질문하고 답하면서 재미있게 영어놀이를 할 수 있는 것들도 많다. 또 영어공부 앱을 깔아놓고 원어민과 일정 시간 말을 하거나 따라해 보도록 하는 것도 좋은 방법이다.

집에서는 가족 간에 특정 요일과 시간 등 약속을 정하고 그때는 영어로만 대화를 해보는 방법도 해볼 수 있다. 외국어를 잘하려면 달달 외우기만 하는 게 아니라 입으로 말하는 훈련을 계속해야 한다. 일상생활 속에서 영어를 사용할 기회가 많을수록 실력이 는다는 건 우리 모두 다 아는 사실 아닌가!

먼저 많이 듣게 한 다음 말할 수 있는 환경을 만들어주자. 일단 들리면 그 단어가 무슨 뜻인지 궁금해 찾아보게 되고 의미를 파악하는 데까지 나아갈 수 있다.

음악을 좋아하는 딸은 어느 날부터인가 팝송을 들으면서 영어공부를 하기 시작했다. 음악이 좋아지니 그 음악을 만든 나라의 문화와 역사를 이해하려고 책을 찾아보기도 했는데, 이처럼 외국어 공부는 단지 언어만 가르치는 게 아니라 그 나라의 문화와 일상에 대한 호기심까지 충족시켜 주는 형태여야 한다.

시중에는 무척 다양한 영어 공부법이 소개되고 있다. 중요한 건 자신에게 맞는 공부법을 찾아내는 일이며, 대원칙은 모국어를 배우는 방법처럼 자연스럽게 영어를 접하게 해주는 것이다.

지적 호기심만큼
자란다

모 대학교 입학면접에서 교수가 물었다.

"특별히 남보다 잘하는 게 있나요?"

한 학생이 갑자기 개그맨 강성범처럼 숨도 안 쉬고 4호선 역 이름을 순서대로 다 외우자 교수가 못마땅한 얼굴로 다시 말했다.

"개그과를 가야 하는 거 아닌가요? 아무래도 학과를 잘못 선택한 것 같은데……"

"아닙니다. 저는 4호선을 타고 학교를 다니는데요. 선바위, 남태령 등의 역 이름을 들으면서 선바위는 왜 선바위이고, 남태령은 왜 남태령이라고 했을까 하는 궁금증이 생겼습니다. 그래서 찾아봤더니, 선바위는 바위 모양이 스님이 장삼을 입고 참선하는 모습 같아

선(禪)자를 따서 이름을 지은 것이라고 하더라고요. 조선 건국 때 정도전과 무학대사가 이 바위를 성 안으로 할까 밖으로 할까 하는 문제로 논쟁했다고 합니다. 또 남태령이라는 이름도 정조가 화성 융릉(隆陵)으로 가는 길에 고갯마루에서 잠시 쉬던 일에서 유래했다는데요. 쉬면서 과천현 이방(吏房) 변 씨에게 고개 이름을 물었는데, 본디 여우고개였지만 요망스러운 이름이라 삼남대로 상에서 첫 번째로 맞이하는 큰 고개라는 뜻으로 남태령이라 답했다는 것입니다. 그 뒤로 이 고개를 남태령이라 부르게 되었다고 합니다.”

그 학생은 4호선 전체 지하철역 이름의 유래가 궁금해 찾아보다가 역사에 대한 관심이 생겨 역사학과에 지원하게 되었다고 말했다. 그제야 굳어졌던 면접관들의 얼굴이 환한 미소로 바뀌었다고 한다. 모 대학 교수님이 입학사정관 연수에서 하신 말씀이다.

대학에서 가장 뽑고 싶어 하는 학생은 지적 호기심이 많은 학생이다. 남들은 그냥 지나치는 당연한 일에도 끊임없이 ‘왜 그럴까?’, ‘다른 방법은 없을까?’라고 질문하는 학생들을 뽑고 싶어 한다. 왜냐하면 이런 지적 호기심이 결국은 자기주도적으로 공부를 해낼 수 있는 원동력이 되기 때문이다. 우리도 뭔가 궁금한 게 있으면 계속 알아보고 검색해 보고 하지 않는가! 궁금한 것이 없으면 알고 싶은 것도 없을 뿐만 아니라 능동적인 배움의 자세를 갖기 어렵다.

질문은 뇌를
능동적으로 만든다

수업을 마치고 아이들에게 "질문 없어?"하고 물어보면 대부분 "없어요!"라고 소리치며 빨리 자유로운 시간을 갖기 원한다. 선생님의 수업을 수동적으로 듣기만 할 뿐 더 이상 생각하기 싫어한다. 또 "선생님, 첫사랑 이야기해 주세요."와 같이 수업내용에 맞지 않는 엉뚱한 질문을 하는 아이들도 있다. 그래서 선생님들도 굳이 이런 엉뚱한 질문으로 수업에서 자꾸 벗어나느니 질문을 안 받는 게 낫다고 생각할 때가 있다.

하지만 좋은 질문이든 아니든 아이들의 질문은 수업 내용을 얼마나 이해했는지, 혹은 얼마나 집중했는지를 알게 해준다. 수업 내용과 전혀 상관없는 엉뚱한 질문이 많다면 그만큼 집중하지 못했다는 반증인 것이다.

집에서도 대화를 하다 보면 아이들이 질문을 할 때가 있다. 잘 들어보면 우리 아이가 어떤 것에 관심이 있고, 무엇을 알고 싶어하는지 알 수 있다. 그럴 때는 가급적 쉽게 대답하지 말고 함께 찾아보거나 질문을 계속 확장시켜 스스로 답을 찾을 수 있도록 해주어야 한다.

"오늘 선생님께 어떤 질문을 했니?", "오늘 새롭게 알게 된 사실은 뭐야?", "만약 너라면 어떻게 했을 것 같아?", "더 좋은 방법은 생각해 봤니?" 등등의 질문을 자주 하자. 부모가 아이에게 어떤 것을 보고 어떻게 받아들이는지에 대해 자주 물어주면 아이들은 매사에 습관적으로 "왜 그럴까?"를 생각하게 된다. 좋은 질문은 생각을 바꾸게 만들고 새로운 것을 배울 수 있게 해준다.

책을 많이 읽어야 하는 이유

고등학교 3학년 지수는 아나운서가 꿈이다. 그런데 ○○대학교 스페인어과에 지원했다. 아나운서가 꿈인데 미디어학과가 아니고 스페인어과를 선택한 것이 궁금해 물어보니 손미나 아나운서의 책 때문이라고 했다.

"아나운서는 말을 참 잘해야 하는 직업이잖아요. 그러기 위해서는 남들과는 다른 제2외국어 하나 정도는 할 수 있어야 한다고 생각합니다. 우연히 손미나 아나운서의 책을 읽고 저도 그분처럼 되고 싶어 스페인어과에 지원하게 된 거예요."

지수는 소원대로 최종 합격해 열심히 자기 길을 닦아가는 중이다. 머지않아 방송에서 볼 날을 고대하고 있다.

자신의 진로를 정할 때 책 속에서 답을 찾아내는 아이들이 있다. 책은 다양한 분야에서 저자들의 생각, 철학, 경험 등을 담고 있어 직접 만나지 않아도 그들의 삶을 간접적으로 체험할 수 있다. 쉽게 말해 자신이 닮고 싶은 멘토의 성공 노하우, 생각, 환경 등을 꼼꼼히 챙겨 볼 수 있다는 말이다.

물론, 책만 꼼꼼히 읽는다고 그 내용을 다 이해할 수 있는 건 아니다. 하지만 읽는 것에서 한발 더 나아가 반복해 생각하고 실천할 수 있는 건 해보려 노력해야 한다. 세상 모든 일을 다 경험해 볼 수는 없다. 다만, 책을 통해 간접경험을 함으로써 자신이 더욱 흥미 있고 관심 있는 분야를 알아낼 수는 있다. 지적 호기심이 많은 아이들은 그래서 책읽기를 좋아한다.

교직생활을 하면서 해마다 전교 1등을 한 아이들과 인터뷰를 했다. 일상생활부터 공부하는 방법까지 다양하게 대화를 주고받았는데, 공통점 하나는 모두 어려서부터 책을 좋아하고 많이 읽었다는 점이었다. 책을 통해 세상을 읽고 호기심을 충족하며 스스로 배움을 즐겼다는 뜻이다.

많은 부모들이 아이의 두뇌를 계발해 주기 위해 애쓰고 좋은 성적 받아오기를 고대하지만 역시 독서만한 좋은 습관은 없다. 어쩌면 우리는 답을 몰라서가 아니라 알고 있는 답을 충실히 이행하지 않아서 어려움을 겪는지도 모른다.

'작은 성공'을 반복해
성공의 맛을 깨닫는다

"우와~!"

반 친구들의 탄성이 터지자 영수는 멋쩍어했다. 평소 얌전하고 말이 없던 영수가 아무도 대답 못하는 영어 단어를 알아듣고 대답했기 때문이다. 그렇게 영어 쪽지시험에서 혼자 만점을 받은 영수는 영어 교과에 대한 '자기 효능감'을 강하게 느끼게 되었다.

'자기 효능감'이란 자신이 어떤 일을 끝까지 해낼 수 있다고 믿는 믿음과 기대를 말한다. 이는 성공 또는 실패라는 경험을 통해 강화되거나 약화될 수 있다. 이후 영수는 스스로를 영어를 잘하는 아이라는 자신감을 갖고 더욱더 영어 시간을 좋아하고 열심히 공부하게 되었다.

공부를 잘하는 데 있어 '자기 효능감'은 매우 중요한 요소이다. 때문에 아이들에게 작은 성공의 기쁨을 맛보게 해주는 게 매우 중요하다. 국어 시간에 책을 소리 내어 읽었는데 선생님으로부터 발음이 정확해서 아나운서가 되면 좋겠다는 피드백을 받는다든지, 쪽지시험에서 좋은 성적을 거둔다든지 하는 등등을 말하는데, 이처럼 쉬운 과제로부터 성공 경험을 쌓고 점진적으로 난이도를 높여 나가는 방식은 '자기 효능감' 증진을 위한 효과적인 전략이다.

한 가지라도 노력의 결과를
맛보게 하자

"이번 시험에서 5등 안에 들면 엄마가 신상 폰으로 바꿔 줄게."

이런 약속은 사실 아이들에게 좋지 않다. 나의 의지와 노력만으로 이룰 수 있는 일이 아니기 때문이다. 나는 할 수 있는 만큼 열심히 노력했지만 친구들이 나보다 노력을 더 많이 해서 목표에 도달할 수 없게 되면 아이들은 '나는 해도 안 되는 사람이구나.'라는 생각을 하게 된다.

반면, "전보다 매일 1시간씩만 더 공부해 보자."와 같은 약속은 자신의 의지에 따라 얼마든지 성공할 수 있다. 아이들에게는 이처럼 타인에 의해 영향을 받지 않는, 오로지 자신의 노력에 따라 이룰 수 있는 일을 목표로 삼고 달성할 수 있도록 격려함으로써 성공 경험을 맛보게 해주는 것이 중요하다.

오늘 실천할 수 있는 목표만이라도 세워보게 하자. 구체적인 세부계획을 세우면 궁극적으로 달성하고자 하는 목표가 좀 더 현실적으로 다가올 수 있고, 이를 이루기 위해 먼저 해야 할 일들을 분명하게 정리할 수 있다.

쉽게 달성할 수 있는 '오늘의 목표' 예시

▶ 학교 수업 20분 전까지 등교하기.

▶ 쉬는 시간마다 그날 수업시간에 배운 내용을 큰소리로 읽어보기.

▶ 점심시간에는 무조건 햇볕을 쬐면서 운동장 15분 돌기.

▶ 귀가 시간에 PC방 가지 않기.

▶ 저녁 먹은 후에 책 한 권 꼭 읽기.

자신의 의지로 작은 일들을 하나씩 성취하다 보면 스스로에 대한 신뢰감이 생겨 어려운 공부도 충분히 해낼 수 있다는 자신감을 갖게 된다.

공부를 싫어하는 아이들은 자습시간을 주면 자거나 다른 사람을 방해한다. 스스로 뭔가를 해서 성공해 본 경험이 없거나, 자기가 한 일을 부모가 못마땅하게 여겨 못하게 했거나, 혼난 경험이 많은 아이들이다. 그런 아이들은 선생님의 말에도 부정적인 태도를 보이며 스스로 무언가 해야 하는 상황에서 자신은 못한다고 미리 포기를 선언한다.

아이들에게 많은 것을 경험하게 하고, 해보고 싶은 일을 할 수 있는 기회를 만들어 줄 필요가 있다. 그중 몇 개만이라도 성공하면 자신감을 가질 수 있다. 비록 부모 마음에 쏙 들지는 않더라도 아이 스스로 나아갈 방향과 목표를 계획하는 것이 중요하다.

자기 확신에 이르는 길은 누구나 시간이 오래 걸리고 힘이 드는 일이다. 그럼에도 반복적인 연습을 통해 점점 잘하게 되면 결국 자기의 장점이 되고 남다름이 된다. 부모는 아이가 이러한 일련의 과정을 거칠 때 더디고 미숙하다고 해서 실망하거나 나무라지 말고 격려하고 용기를 북돋아주는 역할을 해야 한다.

작은 성공이 당장 큰 변화를 가져 오지는 못한다. 하지만 일정 기간이 지나면 눈에 띄게 효과가 나타날 것이다.

'남보다 잘하는 한 가지'가 인생을 바꾼다

비평준화 지역의 한 고등학교에 근무할 때 일이다. '추가합격'으로 고등학교에 진학한 경민이는 자신이 전교 꼴찌라는 생각을 했다. 아무도 모르는 사실인데도 경민이의 위축된 마음은 풀리지 않았다. 하루는 고등학교 1학년생을 대상으로 한 학생정서 · 행동특성검사 결과 우울지수가 매우 높다는 판정을 받았다며 나에게 상담을 요청해 왔다. 내가 학년부장이니 자신의 성적을 잘 알고 있으리라 지레 짐작했던 모양이다.

성적은 안 좋은 편이었지만 예의 바르고 학교규칙을 잘 지키는 착한 아이였던 경민이는 자신이 전교 꼴찌라서 학교생활이 너무 힘들다고 했다. 친구들이 알까 창피하고 늘 기가 죽는다는 것이었다.

남보다 잘하는 게 아무것도 없다며 속상해하는 경민이를 꼭 도와주고 싶었다. 경민이와 이런저런 대화를 나누던 중 나는 혹시 마술을 배워보면 어떻겠냐고 권유했다. 다른 아이들이 못하는 일을 잘할 수 있다면 마음의 상처를 회복하는 데 도움이 되리라는 생각에서였다. 나는 마술로 성공한 사람들의 스토리를 찾아보라는 숙제를 내주었다.

부모님의 허락으로 마술을 배우게 된 경민이는 얼마 후 카드를 들고 찾아와 카드 마술을 보여주었다. 나는 격하게 감동하며 "짧은 시간에 이렇게 재미있는 마술을 배웠다니 정말 멋지다."라며 치켜세웠다. 그리고 기왕 배운 거 이번 축제 때 출연해 보라고 권유했다. 처음에는 부끄럽다고 싫다던 경민이가 축제에 출연하는 오디션을 보고 합격했다며 들떠서 찾아왔다.

마술을 가르치는 선생님은 경민이를 보고 착하고 열심히 한다며 칭찬했다. 갈수록 의욕이 높아지는데다 꼼꼼하고 섬세한 성격이 마술에 잘 맞는다고 했다. 선생님은 경민이의 축제 참가를 위해 아끼는 비둘기까지 내어주었다. 빛나는 조명 아래 비둘기쇼, 카드마술, 모래마술까지 펼치는 경민이에게 아이들은 열광했다.

경민이는 축제 이전과 이후의 자기 삶이 달라졌다며 너무 기뻐했다. 자기를 알아본 아이들로부터 사인을 요청받기도 하고, 여학생들로부터 사귀고 싶다는 문자도 받는다며 활짝 웃어보였다.

남들이 잘 모르는 우리 아이의 장점을 찾아보자. 그리고 그 장점에 부합하는 '남보다 잘하는 한 가지'를 찾도록 도와주자. 경민이는 신문지와 카드 마술 등 간단한 마술을 성공하면서 서서히 자신감을 회복하고 더 어려운 마술에 도전하게 되었다. 남보다 잘하는 한 가지에서 작은 성공의 경험을 쌓아가다 보면 자존감이 높아져 어려운 일에도 도전해 보고 싶은 마음이 생기게 된다.

'학력 파괴자'가 많이 나오는 이유

요즘에는 예전보다 '학력 파괴자'들이 많다. 학력 파괴자란 학력이나 학벌에 관계없이 자신에게 꼭 맞는 일을 찾아 열심히 하는 사람들로, 정선주 작가가 《학력 파괴자들》이란 책에서 소개한 바 있다. 그렇다면 학력 파괴자들이 늘어나는 이유는 뭘까? 과거에는 자신의 능력을 인정받을 수 있는 방법으로 학위나 자격증이 유일했다. 요즘은 어떤가? 일반화시키기는 다소 무리가 있지만, 자신의 능력을 꼭 시험이나 자격증을 따지 않고도 보여줄 공간이 생겼다.

바로 인터넷이다.

이제는 인스타그램이나 페이스북에서 '좋아요'를 많이 받거나 팔로워 수가 많으면 누군가가 보고 있다가 연락을 해오는 세상이다. 그 사람의 팔로워 수는 그만큼 공감과 소통을 잘하고 있다는 증거로, 이 사람들을 이용한 홍보 효과가 크기 때문에 기업에서는 이들을 통한 홍보도 많이 한다. 굳이 학력이란 조건이 없어도 자신의 능력을 인터넷이라는 공간 안에서 다른 사람들에게 보여주고 인정받을 수 있다는 말이다.

어렸을 때부터 그림 그리기는 물론, 캐릭터 문구를 사 모을 정도로 캐릭터를 좋아했던 여자아이가 있었다. 그녀는 중학생 때 일본 캐릭터 만화를 무작정 따라 그리다가 동물 캐릭터를 구상하게 되었고, 자신이 그린 동물 캐릭터가 제품으로 나왔으면 좋겠다는 생각으로 2010년경 이모티콘이나 휴대폰 배경 캐릭터를 자기 블로그에 꾸준히 올려 무료로 공유했다고 한다. 그러자 '아이러브캐릭터'라는 잡지사로부터 인터뷰 요청이 들어왔고, 한 달에 4만 건 이상 다운을 받아갈 정도로 많은 사람들의 사랑을 받게 되었다고 한다. 이후 여러 투자자로부터 캐릭터 사업을 함께하자는 제의를 받아 대학 졸업 전에 이미 작가로 명성을 얻게 되었는데, 바로 '몰랑이'로 유명한 윤혜지 작가의 성공 스토리다.

윤혜지 작가는 덕후에서 전문 직업인이 된 경우이다. 그녀는 취미가 직업이 되려면 반드시 객관적인 평가를 받아보라고 조언한다. 자신이 캐릭터를 그려 블로그에 올려놓고 다른 사람들의 피드백을 받았던 것처럼 말이다. 그녀처럼 인터넷을 이용해 성공한 케이스는 많다. 예전 같으면 쉽지 않았겠지만 인터넷이란 공간은 그것을 가능하게 만들었다.

아이가 컴퓨터에만 매여 있다고 나무라기보다 컴퓨터를 유용하게 활용할 줄 아는 아이로 성장할 수 있도록 격려해 주자. 변화하는 시대를 살아갈 아이들에게 맞는 새로운 방법에 귀 기울이고 잘못하더라도 다양한 경험을 쌓을 수 있는 환경을 만들어주자.

양치질하는 습관처럼
공부한다

　내가 만난 성적이 좋은 아이들 중에는 스마트폰을 사용하지 않는 경우가 많았다. 심지어 아예 휴대폰이 없는 아이도 있었다.

　"스마트폰을 안 쓰는 특별한 이유가 있니?"

　"아무래도 스마트폰은 할 수 있는 재미있는 일이 많잖아요. 그래서 갖고 있으면 공부에 방해될 것 같아 안 사는 거예요. 없으니까 더 편해요."

　공부 잘하는 아이들은 학습에 방해가 되는 일을 하지 않는다. 학습에 대한 목표와 계획된 학습량을 채우기 위해 스마트폰이나 게임의 유혹에 빠지지 않도록 스스로 환경을 만드는 것이다.

　시간을 효율적으로 계획하고 어떻게 실천하느냐에 따라 공부 성과가 달라지므로 유혹하는 요소들을 차단하는 일은 매우 중요하다. 하지만 여기에는 부모의 의지가 아닌 아이의 의지가 작용해야 한다. 즉, 아이가 스스로 유혹에 빠지지 않겠다며 절제하는 마음을 갖고 있어야 한다는 말이다.

유혹하는 환경을 차단한 다음에는 어떻게 해야 할까? 바람직한 공부습관으로 시간을 잘 관리하면서 공부해야 한다. 그렇다면 공부 잘하는 아이들은 공부에 있어 어떤 습관을 갖고 있을까?

공부 잘하는 아이들은 습관적으로 책을 본다

초등학교 40분 수업시간에 익숙했던 아이들이 중학교에 입학하면 처음에 가장 힘들어하는 것이 45분으로 늘어난 수업시간이다. 하지만 한 달이 채 지나지 않아 자기도 모르게 45분에 적응한다. 수업시간이 반복되면서 익숙해진 덕분이다.

이처럼 한 가지 행동을 오랫동안 되풀이하면 몸에 습관으로 배게 된다. 이는 아이들에게 꼭 필요한 좋은 습관 2~3가지를 갖게 하고 싶다면 그것에 익숙해질 수 있도록 한 달간 꾸준히 지도해야 한다는 뜻이다. 습관은 자기 스스로는 고치기 어렵기 때문에 지도가 필요하다. 피드백을 해주면 효과가 더 좋다.

학교에서는 "3월 한 달이 1년을 좌우한다."는 말이 있다. 새로운 환경에 놓인 3월부터 어떻게 공부습관을 잡느냐에 따라 이후 결과가 달라진다는 의미가 담겨 있다. 그렇다면 공부 잘하는 아이들은 어떨까? 그냥 앉기만 하면 습관적으로 책을 본다. 꼭 시험공부가 아니더라도 자신이 갖고 있는 책을 꺼내 읽는다. 마치 밥을 먹은 후에는 특별히 하라고 하지 않아도 양치질을 하는 것과 같다.

처음에는 단 몇 분씩만이라도 꾸준히 연습해야 한다. 습관을 들이려 시작할 때는 혼자보다 여러 명이 함께하는 게 훨씬 효과적이다. 가정에서 책 읽는 습관을 잡아주고 싶다면 온 가족이 시간을 정하고, 그 시간만큼은 한 달 동안 꾸준히 함께 책을 읽어보자. 그때 옆에서 서로 긍정적인 피드백을 주고받으며 응원해 주면 훨씬 더 수월하게 습관으로 만들 수 있다.

스스로에게 맞는
시간 계획표 짜고 실천하기

공부 잘하는 친구를 따라 하라며 매일 100분간 문제풀기를 하는 식으로 계획을 잡으면 대부분 실패하기 마련이다. 아이들 자신에게 맞는 방법이 아니기 때문이다. 그 누구도 아닌 우리 아이에게 꼭 맞는 공부 계획표를 짜고 실천할 수 있도록 해야 한다.

우선 본인이 생활한 하루나 일주일을 시간 단위로 써보게 하자. 그러면 자신이 한 일을 객관적으로 볼 수 있다. 또 수업시간에 몇 분 정도 집중하는지, 집에서는 공부를 몇 시간 정도 하는지 적게 하자. 이런 식으로 아이의 현재 상태를 파악한 다음 목표에 따라 어떻게 공부 계획을 변화시켜야 하는지 생각해 보자.

공부 계획을 세울 때는 아이의 취약점에 대한 보완방법을 반영해야 한다. 이를테면, 아이가 집중을 잘하는 시간이 10분 정도라면 20분씩 끊어서 공부 계획을 세우고, 성공하면 다시 30분 단위로 늘이는 것이다. 이렇게 하다 보면 집중시간을 조금씩 늘려나갈 수 있다. 20분도 집중이 안 되는 아이에게 갑자기 100분을 강요하면 금방 포기하고 만다. 그러고 나서 집중해서 공부한 시간을 측정해 보게 한 후 늘어난 집중시간에 대해 좋은 피드백을 해주면 더욱 용기를 얻게 될 것이다.

수업시간에 장난을 치거나 거울을 자주 꺼내 보는 아이들이 있다. 이 같은 행동은 자신도 모르게 나오는 습관이다. 자신의 나쁜 습관을 파악해야 고치려는 의지도 가질 수 있다. 이런 나쁜 습관이 있다면 고쳐가도록 옆에서 피드백을 해주자.

어릴 때 방학만 하면 주전자 뚜껑을 대고 큰 동그라미를 그린 후 하루 일과표를 써넣었던 추억이 있다. 솔직히 그 일과표대로 실천해 본 적이 없던 나는 실천력이 없는 사람이라고 스스로 평가하곤 했다. 하지만 생각해 보면 내가 실패한 이유는 진지하게 나의 일과를 파악해 시간표를 짠 게 아니라 과제 제출용으로 대충 만들었기 때문이다. 그렇게 세운 시간 계획은 지키기가 매우 어렵다.

하루 일과 계획표 짜는 법

① 학교생활에서 발생하는 자투리 시간 찾기 성적이 우수한 아이들의 특징은 자투리 시간을 잘 찾아내 활용한다는 점이다. 대개 공부 잘하는 아이들은 100분 정도의 시간을 활용한다. 점심, 저녁 급식시간만 합해도 여유 시간 100분은 쉽게 확보할 수 있다.

② 하루에 공부할 수 있는 시간 계산하기 보통 상위 1% 학생들은 자기주도 학습시간을 3시간 이상 확보한다. 여기에 자투리 시간 100분을 더하면 4시간 40분 정도가 된다.

③ 공부할 순서와 시간 나누기 인터넷 강의나 단어 암기는 이동 중에도 가능하다. 숙제는 자투리 시간을 이용해 다 해결할 수 있다. 수학이나 과학도 쉬는 시간이나 자투리 시간을 이용해 공부하면 좋다. 짧은 시간 동안 문제를 푸는 감각을 훈련하는 것이다. 이렇게 자투리 시간을 이용해 해결할 수 있는 것과 집에 가서 할 것을 구분해 계획한다.

④ 우선순위 정하기 처음 공부할 때에는 부담 없는 과목으로 시작했다가 집중도가 좋아질수록 어려운 과목으로 옮기는 게 좋다.

　아이들의 하루 일과 계획표는 누군가의 시선을 의식해서 빡빡하게 만들어서는 안 된다. 스스로의 일과와 자신이 해야 하는 공부를 헤아려 그에 맞게 짜야 한다. 아이들은 자신이 세운 계획대로 잘 실천하는 자신을 발견할 때 스스로에 대한 신뢰감이 커지고 자존감이 향상된다. 때문에 하루 일과 계획표는 꼭 필요할 뿐만 아니라 잘 실천할 수 있어야 한다.

아이들이 계획표 작성을 싫어하는 이유는 실패한 경험이 많기 때문이다. 본인의 의지에 의해서가 아니라서 부모의 의지로 만든 계획표는 지켜내기 힘들다. 성인이 습관을 갖게 되기까지 66일, 어린이는 21일이 걸린다고 한다. 아이의 습관을 고쳐 실천할 수 있는 계획표를 작성하게 하고 싶다면, 부모도 자신이 고치려고 노력하는 일들을 위한 계획표를 아이에게 공개하고 함께 지켜나가는 모습을 보여주는 게 좋다. 그러면 부모와 아이가 함께 성장하는 기쁨을 만끽할 수 있다.

시험 준비는 전략적으로

중고등학교에서는 한 학기에 1차 지필(중간)고사, 2차 지필(기말)고사를 시행(자유학기에는 일제식 지필고사를 보지 않는다)한다. 사실, 시험 당일 가장 감사한 일은 아이들 모두 건강하게 출석했을 때이다. 이는 한 명이라도 안 오면 병결인지 무단결석(전체 학생의 최하점에서 -1점)인지에 따라 기본점수가 달라지기 때문에 담임교사는 반드시 이유를 파악해야 한다.

병결일 때의 점수 =

$$(응시분의\ 원득점) \times \frac{(결시분의\ 학년\ 해당교과\ 평균점수)}{(응시분의\ 학년\ 해당교과\ 평균점수)} \times 0.8$$

예를 들면, 수학과 도덕시험을 보는 날 아이가 병으로 결석한 경우, 1차 지필이나 2차 지필 중 한 번은 시험점수가 있으므로 위의 공식으로 수학, 도덕 두 과목의 성적을 산출한다. 평균점수의 80%만 인정하므로 시험 때 결석하면 엄청난 손해를 보게 되는 것이다. 무단결석은 전교 최하 점수가 3점이라면 -1을 해서 2점이 된다.

어느 시험 날이었다. 아침부터 긴장하면서 우리 반을 살피던 중 반장이 오지 않았다는 사실을 알게 되었다. 전화를 걸었더니 어머니가 "독서실에서 새벽까지 공부하고 와서 잠깐 잠이 들었나 봐요. 저도 깜박 졸다 지금 깼네요. 죄송합니다. 빨리 보낼게요."라고 말했다. 다행히 시험 시작 3분 전에 도착해 큰 문제는 없었다.

이처럼 밤새워 공부하다 못 일어나 시험이 끝나고 나서야 오는 아이도 있다. 또 시험 때 벼락치기로 공부하는 바람에 시험시간 중에 문제를 풀다 조는 아이들도 있다. 정신이 맑지 않은 상태에서는 실수를 많이 하게 된다. 따라서 공부는 벼락치기보다는 여유를 갖고 평소에 습관적으로 해야 잘할 수 있다.

또 시험기간이 되면 유난히 두통이나 복통을 호소하는 아이들이 늘어난다. 평상시보다 긴장해 소화능력이 떨어지기 때문이다. 시험은 그만큼 아이들에게 부담일 뿐만 아니라 스트레스가 주어지는 상황임에 틀림없다. 부모들은 걱정스런 마음에 잔소리가 더 심해지고 이는 다시 고스란히 아이에게 스트레스로 돌아간다. 긴장감과 함께 잔소리에 주눅이 든 상태에서 스마트폰까지 뺏긴 아이들은 우울감이 극대화된다. 공부를 방해하는 요소를 제거하려는 부모의 바람과는 달리 오히려 감정적으로 격앙되어 공부에 집중하지 못한다. 그러므로 시험 때는 아이의 감정이 다치는 일이 없도록 좀 더 세심하게 신경을 써야 한다.

시험 대비 계획, 달성 가능한 목표로 세우기

학교에 따라 차이는 있겠지만 시험 시간표는 대개 시험 3주 정도 전부터 공지된다. 또한 아이들에게 부담되지 않도록 두 과목씩 짝지어 시험 시간표를 짠다. 따라서 시험공부는 시험일정 계획표에 따라 하는 것이 가장 좋다.

공부를 잘하는 아이들은 시험 시간표가 나오면 바로 계획표를 작성한다. 그래야 버리는 시간 없이 알차게 공부할 수 있기 때문이다. 평소 공부를 열심히 하지 않았다 해도 시험기간에는 공부를 하기 마련이다. 시험 3주 전부터는 공부를 시작해 조금씩 학습시간을 늘려나가야 한다. 또 아이들끼리 서로 시험문제를 내보고 함께 풀어보면서 묻고 대답해 보는 방법도 좋다.

▶ 시험 3주 전 제일 마지막 보는 과목부터 첫날 보는 과목까지 쭉 훑어보기.

▶ 시험 2주 전 시험범위를 거의 완벽하게 암기한다는 목표로 공부하기.

▶ 시험 1주 전 문제집을 통해 모의평가를 해보고 정리한 후 모르는 것 선생님께 질문하기.

※ 특히 시험 전 수업시간 선생님의 총괄 요약정리를 잘 들을 것. 한 번만 보는 것보다 여러 번 반복 학습하는 것이 효과적임.

과목별로 시험시간(중학교는 45분, 고등학교는 50분) 동안 풀어야 할 문항 수를 나누어 한 문항을 몇 분 안에 해결해야 하는지 가늠해 보고, 시간 내에 모두 풀 수 있도록 반복해서 훈련해야 한다. 국어 같은 경우는 제시문이 길어 한참 읽다 보면 문제를 다 풀지 못하고 시간 부족을 호소할 때가 많다. 제시문을 읽으면서 주제가 되는 문장에 줄을 긋거나 핵심 단어에 표시하면 시간을 절약하는 데 좀 더 도움이 된다.

문제가 잘 풀리지 않을 때는 다른 문제부터 풀어보자. 집중해서 풀다 보면 다시 생각이 나기도 하기 때문이다. 생각이 날 듯 말 듯 하는 문제에 너무 오랜 시간 고민하면서 시간을 많이 뺏겨서는 안 된다. 패스도 하나의 방법이 될 수 있다.

시험 때는 정해진 시간에 문제를 풀어야 한다는 강박감이 아이들을 더 긴장하게 만들기도 한다. 지나치게 긴장하는 아이들은 시험시간 안에 문제를 다 풀지 못하거나, 시험지에만 답을 체크하고 실제 답안지에는 마킹을 제대로 하지 못하는 경우도 있다. 따라서 시험지에 체크한 답은 시험 종료 10분 전을 알리는 종소리(교사 멘트)에 맞춰 답안지에 마킹하는 습관을 들여야 한다.

답안지는 얼마든지 교환이 가능하고 수정테이프 사용도 가능하다. 하지만 자꾸 답안지를 수정하다 보면 맞게 푼 답안도 고쳐놓는 실수를 하게 되거나 문제를 검토해 볼 시간이 줄어들 수밖에 없으므로 웬만하면 한 번에 답안지에 올바로 마킹할 수 있도록 해야 한다. 너무 긴장될 때는 심호흡을 하면서 마음을 가라앉히는 것도 도움이 된다. 아무리 시험지에 잘 풀었더라도 답안지에 마킹을 못하면 '0점 처리'가 되므로 주의해야 하는데, 선생님들도 시험 종료 5분 전에는 아이들의 답안지를 한번 점검해 주는 편이긴 하다.

시간 아닌 분량 중심으로
계획 세우기

그렇다면 시험공부 계획을 어떻게 세워야 성적을 올릴 수 있을까? 학습에 대한 계획은 시간이 아닌 분량 중심의 계획이 되어야 한다. 성적이 우수한 아이들의 책상 옆에는 늘 포스트잇에 오늘 할 일이 적혀 있다. 한 가지를 수행할 때마다 지워나가면서 집으로 돌아가기 전에 완전히 다 해내고 시원하게 포스트잇을 떼버린다. 예상과 달리 끝내지 못한 것은 책상에 그대로 붙여두고 간다.

시간을 분류해 몇 시부터 몇 시까지 무슨 과목 하는 식으로 목표를 정하는 게 아니다. '오늘은 몇 페이지까지 하기'처럼 구체적으로 목표를 세우기 때문에 어떤 날은 생각보다 빨리 끝내기도 하고, 어려운 내용이 많이 들어 있는 날은 시간이 더 필요해지기도 한다. 대부분 자기의 수준은 자기가 잘 안다. 남들이 하는 대로 하지 말고 자신이 문제집 한 단원을 푸는 데 어느 정도 시간이 걸리는지 재보고 나서 나머지 단원 공부에 필요한 시간을 어림해 계획을 잡는 게 효과적이다.

시험을 잘 보려면 무엇보다 수업시간에 정확하게 보고 들어야 한다. 책이나 노트에 선생님이 알려주는 핵심 요점을 적어나가다 보면 주의력과 집중력이 증가해 수업에 몰입할 수도 있고, 시험을 대비해 공부할 때 효과적으로 활용할 수도 있다.

시험을 치는 일은 누구에게나 부담이고 힘들다. 하지만 시험이라는 과정은 중요한 내용을 확실히 정리할 수 있는 계기가 된다. 인생도 마찬가지다. 살다 보면 여러 가지 시련이 닥쳐 힘들 때가 많다. 하지만 그 시험을 통과하고 나면 더욱더 강해지고 성숙해진 나를 발견할 수 있다. 이러한 시험의 효과를 알면 시험을 즐길 수도 있다. 부모는 아이에게 간섭이 아닌 관심을 보여주어야 한다.

자기가 모르는 게
무엇인지를 잘 안다

성적이 우수한 아이들은 단지 공부만 잘하는 건 아니다. 다른 면에서도 두각을 나타내는 아이들이 의외로 많다. 동아리 활동도 하고 학급 일을 하면서도 성적이 떨어지지 않는다. 자신을 정확하게 분석하고 무엇이 부족한지 스스로 잘 알기 때문에 공부 외에 할 일을 다 하면서도 성적이 떨어지지 않는 것이다.

가끔 아이들 상담을 하다 보면 자기는 엄청 열심히 했는데 성적이 오르지 않는다는 안타까운 사연을 들을 때가 있다. 내가 만난 아이들이 가장 많이 이루고 싶어 하는 꿈은 '공부 잘하는 것'이었다. 그럼에도 불구하고 자기 생각만큼 안 되는 이유는 뭘까? 공부 잘하는 아이들은 자신이 무엇을 모르는지를 잘 파악하고 그것을 알기 위해 공부한다. 반면, 그렇지 못한 아이들은 아는 것을 또 하거나 모르면서도 공부하지 않을 때가 많다. 이는 공부방법의 문제점을 제대로 파악하지 못한다는 뜻이다.

자신의 현재 상태를 알아야 성적이 오른다

'열심히 했는데 성적이 오르지 않는' 아이들은 조금만 더 공부해도 엄청 열심히 공부했다고 생각한다. 쉽게 말해 객관적인 눈으로 상황을 판단하지 못한다. 대부분의 아이들보다 공부의 양이 떨어지는데도 자신의 기준에서 전보다 조금만 더하면 바로 성적이 오르리라고 생각한다. 목표를 정하지 않은 채 무조건 열심히 한다는 추상적인 목표를 세우니 목표에 도달했는지 안 했는지조차 명확히 알 수가 없다.

또 '열심히 했는데 성적이 오르지 않는' 아이들은 성적 우수자들과 달리 하루 일과에서 버리는 시간이 많다. 쉬는 시간이나 점심시간, 등하교 시간을 활용하지 않는다. 심지어 학원에 가서 열심히 해야지 생각하고는 수업시간에 선생님 말씀을 잘 경청하지 않는다.

모든 걸 종합해 보면 성적이 오르지 않는 이유는 결국 자신의 현재 실력에 대한 평가 및 그에 맞는 공부방법을 잘 모르는 상태에서 공부를 한다는 데 있다.

나는 이런 경우 전문가의 피드백을 받아보기를 권한다. 공부를 많이 그리고 열심히 해본 아이들은 스스로 자신만의 공부법을 알아낸다. 마치 오랜 시간 요리를 연구했던 요리 장인이 남들이 모르는 자신만의 특별한 비법을 갖게 되는 것과 같다. 하지만 대부분의 아이들은 자신만의 공부법을 잘 알지 못하기 때문에 선생님이나 선배, 공부 잘하는 언니나 형 또는 친구들의 도움을 받는 것이 좋다. 잘못된 방법을 알아내 바로잡으면 그 다음부터는 성적이 오를 수 있다.

좋아하는 멘토를 만나게 하는 방법도 있다. 공부하라는 엄마의 말은 한 귀로 흘려듣던 아이가 자기가 좋아하는 가수 팬 사인회에서 "영어를 잘하면 가사를 다양하게 쓸 수 있어 작사가로 성공할 확률이 높아요. 공부 열심히 하세요."라는 말을 듣고는 머리에 띠를 두르고 영어공부만 한다며 팬 사인회에 보내길 잘했다는 학부모를 만난 적이 있다. 이렇게 자신이 좋아하는 멘토의 한마디가 아이에게 삶의 방향을 제시해 주기도 한다. 요즘에는 책을 쓴 저자의 무료특강 같은 강좌도 많고, 유명한 사람들이 페이스북을 통해 어디에서 강연한다는 공지를 올리기도 한다. 아이가 좋아하는 멘토를 만날 수 있게 적극적으로 도와주자.

오답노트가 성적을 가른다

나는 학급담임을 맡을 때마다 우리 반 아이들 모두 오답노트를 만들도록 규칙을 정했다. 아이들은 일단 시험이 끝나면 자신이 무엇을 왜 틀렸는지 알려고 하지 않았다. 왜 틀렸는지 반드시 눈으로 확인해 보고 그 문제를 이해하는 것만으로도 다음 시험을 잘 볼 수 있다고 아무리 강조해도 아이들은 오답노트 만들기를 무척이나 싫어했다.

시험에서 틀린 문제가 많은 아이들일수록 오답노트로 정리할 게 많다. 한 달 내내 그것에만 매달려도 다 못해 내는데, 다음 시험이 돌아오면 또 오답노트가 쌓이기 때문에 아이들의 비명소리가 잦았다. 그래도 나는 하나하나 다 체크해서 검사하는 열성을 발휘했다. 하지만 한 번은 아이들이 너무 힘들어하고 반장이 오답노트를 한 번만 안 하고 넘어갔으면 좋겠다고 건의하는 바람에 나도 그렇게 결정을 내린 적이 있다.

"대신 선생님이 원할 때 아무 때나 다른 방법으로 너희들이 공부했는지 확인할 거야."

오답노트를 안 해도 된다는 말에 아이들이 너무 좋아하는 모습을 보고 그동안 내가 너무 심했나 하는 생각이 들 정도였다.

3주 후, 나는 전에 봤던 시험지를 확보해 진짜 시험처럼 시간을 지켜 다시 문제를 풀어보게 했다. 한번 보았던 문제라 당연히 점수가 오를 줄 알았는데 결과는 딴판이었다. 앞서 틀렸던 걸 또 틀린 아이가 대다수였고, 성적이 오른 아이는 손에 꼽을 정도였다. 그나마 성적이 오른 아이들은 늘 하던 대로 오답노트를 만들었던 아이들이었다. 나는 오답노트의 필요성과 중요성을 다시 한 번 강조할 수밖에 없었다.

"문제를 풀 때는 각자 나름의 이유를 가지고 정답을 찾는 것이기 때문에 자신의 생각이 잘못되었다는 걸 깨달으려면 그 근거를 확실히 눈으로 확인해야 바로잡을 수 있어. 그래서 오답노트를 통해 그걸 확인하게 해주려고 한 거야."

성적이 우수한 아이들은 자신이 무엇을 틀렸는지, 무엇을 잘 모르는지를 정확하게 확인해 보완하려고 노력한다. 반면, 공부한 만큼 성적이 오르지 않는다는 아이들은 한 번 본 시험지는 다시는 꺼내보지 않으려 한다.

우리가 가장 중요하게 생각할 부분은 점수보다 내가 무엇을 어떻게 알고 있는지를 확인해 보는 과정이다. 틀리게 알고 있는 사실을 정확하게 알도록 하는 데 시험의 중요한 의미가 있다는 것을 깨달아야 한다.

성적이 우수한 아이들은 이런 노력을 오랫동안 꾸준히 함으로써 지식이 제대로 쌓일 뿐만 아니라 시간이 흐를수록 다른 아이들과의 실력에 큰 차이를 낸다. 이는 자신을 정확하고 객관적으로 평가하는 과정을 거쳐야만 성장과 발전을 도모할 수 있음을 의미한다.

방학=쇼트트랙의 코너링

동계올림픽 경기종목에서 우리나라에 많은 메달을 안겨주는 쇼트트랙 경기를 볼 때마다 우리는 손에 땀을 쥔다. 직선 구간에서는 순위가 크게 바뀌지 않지만 코너를 돌 때는 누가 안쪽으로 잘 파고드느냐에 따라 순위가 확확 달라지기 때문에 한순간도 마음을 놓을 수가 없다.

학교에서의 방학기간은 쇼트트랙에서의 코너링 구간과 같다. 그리고 거의 비슷한 일정을 보내는 학기 중 기간은 직선구간이나 마찬가지다. 그래서인지 방학이 끝나고 성적이 급상승하는 아이를 보면 대부분 방학을 100% 잘 활용한 경우임을 알 수 있다.

초·중·고 모두 학기 말이 되면 성적표가 나온다. 성적표의 통신란에는 학교생활에서의 변화나 방학 중에 특별히 신경 써서 생활하면 좋을 것 같은 이야기들이 쓰여 있다. 그런데 많은 아이들과 부모들이 이 내용을 대충 읽을 뿐 왜 그런 성적이 나왔는지 분석하지 않는다. 문제점을 발견해야 해결할 수 있는데, 애써 문제를 덮어두려 하니 방학을 유용하게 활용하지 못한다.

나는 방학을 앞두고 "지금 성적으로 제가 어떤 대학에 갈 수 있을까요?"라고 묻고, 그에 따라 공부방법을 어떻게 개선하면 좋을지 묻는 아이들에게 여러 가지 조언을 해주었다. 그리고 계획표를 함께 짜면서 도움을 주었다.

학교의 선생님들은 아이들을 돕기 위해 존재하는 사람들이고 아이들의 실력에 대해 누구보다 잘 알고 있다. 그러므로 선생님들에게 최대한 많은 정보와 도움을 받기 위해 적극적으로 노력하는 자세가 필요하다.

우선 현재 상황에서 문제점이 무엇인지 깨닫는 게 중요하다. 공부시간의 절대량이 부족한 것인지, 기본개념이 부족한 것인지, 아니면 감정적인 문제나 여타 다른 문제로 공부에 몰입할 수 없는 환경인지 등등에 대한 점검이 필요하다. 특히 기초를 잘 쌓는 게 중요한 영어와 수학 과목의 경우는 꼭 모르는 부분을 챙겨서 보완해야 한다.

스스로 문제의식을 갖고 선생님과 상담하는 아이들은 자신에 대한 객관적인 정보를 파악하면 방학을 이용해 남다른 노력을 한다. 개학 후 성적이 눈에 띄게 달라지는 이유이다. 이처럼 무엇보다 문제점을 찾아내려는 노력이 선행되어야만 발전을 이뤄낼 수 있다.

Chapter
04

공부 잘하는
아이를 원한다면

부모는 무엇을

도와야 할까?

영재라는 아이가
갈수록 평범해지는 이유

사람은 누구나 지적 욕구가 있다. 뭔가를 알고 싶고, 배우고 싶어 하는 욕망을 말한다. 그것이 있기에 배움과 학습이 이루어진다. 하지만 지적 욕구가 아무리 사람의 본능이라 해도 '평가'에 초점을 맞추면 그 욕구는 줄어들 수밖에 없다. 몇 점을 맞느냐에 목표를 두면 자연스럽게 배움과 학습의 욕망이 끓어오르기 어려워진다는 말이다.

만약, 영화를 본 후 그 영화에 대한 장면을 누가 많이 떠올리는지 시험을 봐서 그 점수로 승진할 수 있는 기회를 준다고 가정해 보자. 온전히 그 영화의 스토리에 몰입하기는커녕 영화를 보는 내내 시험을 잘 보기 위해 한 장면 장면을 기억하려 노력할 것이다.

그렇게 되면 전체적인 스토리나 분위기를 파악 못할 수도 있다. 숲은 안 보고 나무 하나하나에만 관심을 갖는 것과 같다.

평가 아닌 배움을 목표로 하기

어려서 영재로 불리던 아이가 크면서 평범해지는 경우가 있다. 더 발전을 못하는 데에는 여러 가지 요인이 있을 수 있지만, 그중에는 주변의 기대에 부합하려면 무조건 해내야 한다는 압박감도 한몫하지 않나 싶다. 영재성이나 능력만 부각시키면 아이는 어떤 과제를 아주 잘 해내지 못했을 때 스스로 자신의 능력이 부족하다고 생각할 뿐만 아니라 실패가 두려운 나머지 자기가 잘할 수 있는 것만 하려는 관성에 빠져들 가능성이 높다. 새로운 것에 도전하고 배우려는 힘이 약해질 수밖에 없다는 뜻이다.

그러나 자신이 과제를 해내지 못한 이유가 능력이 아니라 노력이 부족했기 때문이라면 어떨까? 앞으로 더 많은 노력을 통해 그 이상도 얼마든지 해낼 수 있을 것이다. 따라서 부모는 아이의 학습을 결과로만 평가하는 게 아니라 단계별로 배워가는 과정 자체로 평가해야 한다. 그래야 두려움을 떨치고 도전하게 되며, 자신의 능력이나 적성을 계발하게 된다. 그리고 자신감을 유지한 채 '실패했는데 어떤 노력을 더 하면 될까?', '방법을 바꾸어보면 달라지지 않을까?' 등으로 생각하면서 도전 자체를 즐길 수 있다.

아이들이 새로운 뭔가를 배우는 자체에 목표를 두도록 도와주어야 한다. 그러려면 아이가 어떤 실패를 하더라도 실망하는 태도를 보이거나 나무라서는 안 된다. 그래야만 실패를 반복하면서도 배우기 위한 과정을 즐기고 새로운 것도 잘 배워내서 결국에는 더 성장하게 되기 때문이다. 부모는 아이가 잘하기를 목표 삼지 말고 무엇을 더 새롭게 배우게 되었는지, 어떻게 하면 더 잘할 수 있을지 고민하고 도와야 한다. 배움은 결코 참고 인내해야 할 과제가 아니다. 아이들이 배움의 즐거움을 알기도 전에 공부에 대한 스트레스를 받지 않도록 부모가 욕심을 거두어야 한다.

'공부 영재'만 있는 게 아니다

모든 사람은 영재다. 그러나 만약 당신이 물고기를 나무에 오를 수 있는 능력으로 평가한다면 물고기는 바보라고 믿으며 평생을 살아갈 것이다. _알버트 아인슈타인

대부분의 부모는 자신의 아이가 공부를 잘하기를 원한다. 나 역시 마찬가지다. 하지만 아이들이 가진 강점은 무척이나 다양할 수 있다는 점을 인정해야 한다. 공부를 잘 해내는 아이가 있고, 공부는 조금 못해도 성격이 상냥해 친화력이 더 좋은 아이도 있다. 그림이나 만들기에 뛰어난 소질을 보이는 아이가 있고, 공부하긴 싫

어도 작곡을 놀라울 정도로 잘하는 아이도 있다. 아이의 재능에 정답이 있는 게 아니라는 말이다. 또 꼭 공부 잘하는 아이가 성공하는 것도 아니다. 신문과 방송에서 보도되는 내용만 봐도 학업은 더 이상 성공의 유일한 통로가 아니다. 우리는 이미 수많은 '학력 파괴자'의 케이스를 접하지 않았던가!

오직 공부에만 초점을 맞춰 공부를 못한다는 이유로 아이를 나무라지 말자. 공부 때문에 아이의 무궁무진한 미래에 대해 성급히 암울한 마음을 가질 필요가 없다. 부모라면 남들이 알아보지 못하는 우리 아이만의 강점을 찾아 발전시켜 나갈 수 있도록 도와주어야 하지 않을까? 공부에만 초점을 맞추기보다 우리 아이가 잘하는 것이 뭔지 애정을 갖고 관찰해 보자. 분명 남다른 강점이 보일 것이다.

우리 집도 마찬가지였다. 큰아이는 남 앞에 나서기를 별로 좋아하지 않았다. 그런 면을 보완해 주기 위해 웅변학원 다니기를 권해 보았지만 아이가 손사래를 치는 바람에 내 욕심대로 할 수 없었다. 오히려 조용히 책읽기를 좋아하며 친구들과 어울려 토론하고 자신의 생각을 논리적으로 잘 설득시키는 장점이 있었다. 그리고 결국은 커서 자신의 장점을 충분히 발휘하며 살고 있다.

반면, 둘째는 굉장히 사교적이고 활달하며, 특히 많은 사람들 앞에 나서기를 아주 좋아했다. 소풍이나 학교 행사 후에는 항상 우리 아이의 춤 얘기가 나오곤 했다. 마침내 커서 연예인이 되었고, 지금도 자신의 분야에서 열정적으로 일하고 있다.

학업만이 유일무이한 길은 아니다. 아이가 잘하는 부분을 찾아 인정해 주고 강점을 더욱 발전시킬 수 있도록 뒷받침해 주자.

물질 말고 정서적인 보상을 하자

"이번 시험에서 성적이 좋으면 최신 폰으로 바꿔준대요. 안 될 거 뻔히 알면서 엄마가 약 올리려고 하는 말 같아요."

우리 반 아이가 상담 중에 나한테 한 말이다. 이 아이는 초등학교에서부터 상을 받을 때마다 부모로부터 보상을 받았다고 했다. 자신이 사달라는 걸 부모가 다 사주었다는 것이다. 그러다 학년이 올라가면서 보상이 시들해지자 아이는 공부에 의욕을 느끼지 못했다. 보상은 일시적인 동기유발의 도구일 뿐이었다.

보상에 초점이 맞추어지면 내적 동기가 떨어지고 보상에만 관심을 쏟게 된다. 심하게는 보상 품목이 마음에 안 들어 공부하지 않겠다는 말도 거침없이 쏟아낸다. 공부는 부모를 위해 하는 게 아니라 아이 자신을 위한 것이다. '이렇게 하면 뭘 해주겠다.'는 식의 보상은 더 이상 발전을 이뤄낼 수 없다. 그게 바로 물질보다 정서적인 보상을 해야 하는 중요한 이유이다. 처음에는 동기유발을 위해 물질적인 보상을 해주기로 약속을 했더라도 차차 정서적인 보상으로 바꾸어 가야 한다.

"네가 성적이 오르니 그동안 힘들게 한 노력이 성과를 본 것 같아 너무 기뻐!"

"네가 친구들 사이에서 영향력을 줄 수 있는 사람이라는 게 정말 자랑스러워!"

"전보다 열심히 더 노력해서 좋은 성과를 거두는 모습을 보니 앞으로가 더 기대돼!"

이렇게 칭찬하고 격려하면서 따뜻하게 안아주자. 몰입해 공부하거나 전보다 열심히 노력하는 모습을 보일 때 부모가 칭찬을 해주면 아이들은 학습에의 욕구를 더 끌어올리게 된다.

한편, 아이의 의욕을 자극시킨다는 명분으로 지나친 기대감을 드러내는 건 좋지 않다. 이를테면, 무작정 아이에게 "난 네가 전교 1등을 하고 하버드에 갈 수 있을 거라 믿어."라는 식으로 말해서는 안 된다는 뜻이다. 아이가 할 수 있는 것보다 더 높은 수준을 부모가 요구하면 아이는 의욕 대신 좌절감에 빠질 가능성이 높다. 기대에 부응하려고 노력하기보다 차라리 노력을 안 해서 못했다고 하는 게 자신을 보호하는 길이라고 생각하고 아무것도 하지 않을지도 모른다. 지나친 기대감은 아이를 살리는 게 아니라 낙담시키고 무기력하게 만든다. 칭찬과 격려는 잘하면 약이지만 잘못하면 독이 될 수 있다.

아이와 함께
부모도 성장해야 한다

과거에는 공부 잘하는 학업 우수자들이 환영받았지만 지금은 개성과 재능을 우선시하는 시대가 되었다. 아울러 사람들과 잘 어울리고 성격 좋은 사람이 환영받는다. 우리 아이가 누구에게나 사랑받는 사람이 되길 바란다면 이제 부모는 공부에만 올인하지 말고 전인교육에도 신경을 써야 한다.

주변에 보면 가끔 아이는 성장해 가는데 부모는 아직도 아이를 어린애 다루듯 하는 사람들을 만나게 된다. 아이의 성장에 따라 부모의 역할도 달라져야 하는데 말이다. 가정 교과서에는 가족의 생애를 다음과 같이 분류한다. 여기서는 독자층을 고려해 유아기부터 청소년기까지의 부모 역할에 대해 다루려 한다. 각 주기별로 꼭 필요한 학부모 역할의 변화를 생각해 보자.

영아기 (0~24개월)	생리적 안정 유지, 젖떼기 및 걷기, 애착 형성
유아기 (2~7세)	기본 생활습관 익히기, 공동생활 규칙 익히기, 의사소통방법 익히기
아동기 (초등학교)	학교 적응하기, 또래 친구와 어울리기, 성 역할 습득하기, 도덕성 기초 형성하기
청소년기 (중고등학교)	자아 정체감 형성하기, 신체적·지적 발달 이루기, 진로 탐색하기
성년기	직업 선택하기, 배우자 선택 및 결혼하기, 부모가 되는 것 적응하기
중년기	부부 관계 유지, 직업 생활 관리, 중년 위기 대처, 신체 기능 저하에 따른 건강 관리하기
노년기	은퇴에 적응하기, 노화를 긍정적으로 수용하기, 역할 변화에 융통성 있게 대처, 죽음에 대비하기

유아기,
기본 생활습관 잡아주는 훈육자

여느 때처럼 장을 보기 위해 마트에 들렀다. 이것저것 물건들을 살펴보는 중에 한 아이의 행동이 눈에 띄었다. 엄마가 밀고 있는 쇼핑카드 안에 앉아 있던 아이가 요구르트를 잡더니 포장을 뜯어 마시기 시작하는 것 아닌가! 난 아이가 목이 말라 먼저 요구르트를 먹고 나중에 계산할 것이라고 생각했다. 그런데 매장을 도는 내내 아이가 초콜릿이나 과자를 손에 잡히는 대로 까먹는데도 아무 제재도 하지 않는 엄마가 좀 염려스러웠다. 아이가 미리 다 먹어 버린 걸 잘 계산할까 하는 궁금증에 유심히 지켜볼 수밖에 없었는데, 엄마는 자연스럽게 카트에 담은 물건 값만 계산하고 나갔다.

집으로 돌아오는 내내 그 아이가 어떤 모습으로 자랄까 생각하니 너무나 걱정되었다. 마트에서 계산하기 전에 포장을 뜯어 그 안의 음식을 먹는 행동도 문제일 뿐더러, 아예 계산조차 하지 않는 건 도둑질과 마찬가지였기 때문이다. 또 아이의 행동을 제지하기는커녕 아이 눈앞에서 버젓이 불법행위를 저지른 엄마에 대해서도 안타깝기 그지없었다.

유아기의 아이들은 아직 옳고 그름에 대한 기준이 확고하지 않다. 때문에 사회적 규범, 도덕, 질서를 부모가 잘 가르쳐주어야 한다. 거짓말을 하거나 사리분별이 안 돼 남의 것을 맘대로 가져다 쓰는 행위에 대해서는 단호하게 가르쳐야만 도덕적인 마인드를 갖고 성장할 수 있다. 아직 어리니까, 내 아이니까 예뻐서 봐주고 넘어가다 보면 아이는 반드시 지켜야 할 규칙과 질서를 배우지 못해 다른 사람들에게 피해를 주는 사람이 될 수 있다.

"우리 아이는 아직 일곱 살 안 됐어요."

아이의 나이에 따라 식사비용을 다르게 받는 식당에서 나이를 속이는 행위는 흔하다. 부모는 아이에게 귓속말로 아무런 죄책감도 없이 "누가 물어보면 여섯 살이라고 해."라며 거짓말을 하라고 시킨다. 이는 찜질방 같은 곳에서도 자주 일어나는 일이다. 부모는 돈을 아끼기 위해 그럴지 몰라도 엄연한 거짓말이다. 부모로부터 이렇게 거짓말을 배운 아이가 다른 곳에서는 거짓말을 안 할까? 아이가 올바른 마음가짐을 가진 훌륭한 사회인으로 성장하길 바란다면 부모가 아이에게 행동의 모범을 보여야 하는 것은 물론, 올바른 규범과 예절 그리고 도덕을 가르쳐야 한다.

또한 식사 예절을 포함해 기본적인 생활예절을 익힐 수 있도록 기초적인 생활에 대한 훈련을 반드시 시켜야 한다. 교육하기가 쉽지는 않지만 애정을 갖고 꾸준히 지도함으로써 습관을 좋게 잡아주어야 한다. 예쁘다고 밥을 떠먹이거나 아이를 쫓아다니며 먹이는 행위 등은 아이로 하여금 스스로 꼭 해야 하는 일조차 하지 않게 만들 수 있다. 유치원이나 어린이집에서는 먹여주는 사람이 없어 밥을 제대로 못 먹는 아이도 있다.

반면, 아이가 아직 어리기 때문에 잘못한 일이라면 절대 야단쳐서는 안 된다. 물이 든 컵을 잡다가 잘못해서 바닥에 쏟거나 밤에 소변을 실수하는 등의 신체발달 미숙으로 인한 잘못 같은 걸 말한다. 이럴 때는 아이가 당황하지 않도록 안심시켜 줌으로써 '어떤 경우에도 엄마는 나를 참 중요한 사람으로 여기는구나.'라는 메시지를 주어야 한다.

아동기, 아이 강점 발견 및
부모 사랑을 실감케 해주는 격려자

우리 아이들이 어릴 때 미술학원에 보낸 적이 있다. 아이가 썩 내키지 않아 했음에도 간신히 달래 억지로 등록했다. 미술에 취미가 없던 두 아이는 학원에서 가르치는 내용에 전혀 흥미를 느끼지 못해 결국 중도에 그만두고 말았다. 이후 나는 아이가 원하지 않는 걸 내 마음대로 시키지 않으려 부단히 노력했다.

아이들은 자신의 생각을 비교적 솔직하게 잘 표현한다. 이는 부모의 욕심으로 아이의 말을 무시하거나 마음대로 하려고 해도 말을 잘 듣지 않는다는 뜻이다. 공개수업을 참관하고 난 다음 다른 아이들은 번쩍번쩍 손을 들고 발표를 잘하는데 내 아이만 얌전히 앉아 있는 모습에 화가 나 웅변학원이나 스피치 학원에 등록시키는 부모들이 가끔 있다. 나도 그랬지만 소용없는 일이다. 배우는 거라면 무엇이든 결국 아이 스스로가 해야 할 몫인데, 부모가 원하는 걸 강요하면 아이는 하기 싫은 마음이 커질 수밖에 없고, 그러면 부모는 마침내 감시자가 되고 만다.

부모가 원하는 게 아니라 아이가 원하고 배우고 싶어 하는 게 무엇인지 잘 관찰해야 한다. 부모의 잔소리가 없어도 스스로 배우기를 좋아하는 그 뭔가가 바로 아이의 강점이고 적성일 수 있다.

우리 둘째딸은 어려서부터 미술이나 피아노에는 흥미가 없어 오래 배우지 못했다. 그런데 고전무용이나 발레, 현대무용 등 몸을 움직이는 것은 꽤나 재미있어했다. 특히 춤을 좋아해 많이 배웠다. 당시는 본인도 그게 진로가 될 거라는 생각은 못했지만 지금은 결국 본인이 재미있어하던 일을 하고 있다.

다시 말하면 이 시기, 즉 아동기에 아이가 배우고 싶어 하는 일에 주목해야 한다는 뜻이다. 대부분의 부모들은 아이가 초등학교 4학년이 되면서부터 부쩍 아이의 학업에 신경을 쓰기 시작한다. 그리고 아이가 원해서 다니는 예체능 학원을 중단하고 영어, 수학, 독서논술 등 학습과 연관된 학원에 보낸다. 하지만 과도한 학습은 '독'이 된다는 사실을 알아야 한다. 부모가 시켜서 하는 공부는 학습에 대한 부정적인 인식을 심어줄 뿐만 아니라 나중에 학습에 대한 무기력으로까지 이어질 수 있다. 때문에 아동기에는 특히 공부를 놀이처럼 재미있게 할 수 있는 분위기 조성이 필요하다.

또 점차 진로나 직업에 대한 이해가 생기는 시기임은 맞지만 '무엇이 되고 싶다.'는 생각이 자주 바뀌는 때이기도 하다. 아이가 잘하는 일, 하고 싶은 일 등에 대해 구체적으로 생각할 수 있도록 일상생활 속에서 다양한 대화를 통해 스스로 찾아보는 기회를 많이 만들어야 한다.

아동기에 필요한 또 하나는 아이가 잘하려고 했지만 실패한 일에도 격려를 해주어야 한다는 점이다. 그래야만 무엇이든 실패를 두려워하지 않고 시도할 수 있다. 예를 들어, 부모를 기쁘게 해주려고 예쁜 꽃을 준비해 꽂다가 꽃병을 깨뜨렸다면 화내지 말고 독려해 주어야 한다. 진짜 교육은 실수를 용납하는 것이다. 뭔가를 잘하기 위해서는 실패의 경험이 무수히 쌓여야 한다. 자전거를 처음 배울 때 수없이 넘어져야만 두 발 자전거를 잘 탈 수 있는 것처럼 실수하고 실패해도 결과보다는 과정을 지켜보고 응원해야 한다.

실수했을 때 핀잔을 많이 듣거나 조금의 실수도 용서받지 못한 아이들일수록 점점 심한 무기력감을 드러낸다. '나는 어차피 잘못할 건데 뭐.'라는 생각으로 아무것도 시도하려 하지 않는다. 궁금한 게 많을 뿐만 아니라 창의적인 생각도 가장 많은 시기인 만큼 아이가 배우고 싶다는 것 위주로 배울 수 있게 해주어야 한다. 여러 가지에 도전해 볼 수 있는 환경 안에서 부모의 지지를 받으면 자신의 역량을 잘 발휘할 수 있다.

아이마다 걷기 시작하는 시기나 말문이 트이는 시기가 다르듯 재능과 성격도 다르다. 아이가 자신에게 꼭 맞는 길을 찾아서 최종 선택을 할 수 있도록 배려해 주자.

청소년기, 아이의 의사를 존중하는 상담자

아동기와 성인기의 중간인 청소년기에는 사춘기를 겪는다. 이때는 아이들이 심리적, 신체적으로 급격한 변화를 체험하며 정체성을 확립해 나가는 시기이기도 하다.

사춘기 아이들은 뇌에서 도파민이 불균형적으로 분비되어 변덕이 심해지고, 이성보다는 감정의 뇌가 더 발달해 쉽게 흥분한다고 한다. 또 뇌로 들어오는 정보의 과장, 갑자기 늘어나는 신경 네트워크로 인해 감정 조절이 잘 안 되고 충동적이 된다고도 한다.

이 시기에는 아이를 훈육하려 들면 오히려 역효과가 난다. 훈육보다는 신체적, 감정적 변화를 먼저 겪어본 입장에서 아이를 이해하려는 부모의 태도가 중요하다. 아이와 정서적으로 좋은 관계를 유지할 수 있도록 신경을 써야 한다. 아이가 부모에 대한 좋은 감정이 있으면 부모의 조언을 받아들이기 쉽지만, 신뢰가 없거나 감정이 안 좋은 상태라면 아무리 좋은 말을 해도 잘 받아들이지 못하기 때문이다. 우리도 사이가 좋지 않은 사람에게 조언을 들으면 비꼬는 말처럼 들리면서 다 거슬리지 않던가! 아이들도 마찬가지다. 무엇보다 아이와 좋은 관계를 유지한 상태라야 부모의 조언도 효과가 있다.

또한 이때는 친구, 소속감 등이 중요한 시기이므로 혼자보다는 여러 명이 함께 어울려 다니게 되는데, 그래서 자칫 잘못된 행동을 하기가 더 쉽다. 그러니 어떤 친구와 지내는지도 관심 있게 살펴보아야 한다. 귀가 후에 자주 전화를 받고 불려 나가거나, 부모에게 돈을 많이 요구하거나, 부모가 사준 적이 없는 물건을 갖고 있는 등 애정을 가지고 살펴보면 아이의 변화를 금방 알아차릴 수 있다. 부모의 무관심은 아이로 하여금 욕구불만에 이르게 하거나 비정상적인 행동을 하게 만들 수도 있다.

그렇지 않아도 예민한 시기에 성적이 수치화되고, 객관적이라는 미명하에 성적만으로 자기가 평가되기 때문에 아이의 심리는 더 자극받기 쉽다. 게다가 부모마저 아이의 마음을 헤아리기보다 성적으로 아이를 판단한다면 아이들은 더욱 부모와의 대화를 꺼릴 수밖에 없다. 부모의 욕심을 내려놓고 아이의 세계를 이해하고 인정해 주려는 마음을 가져야 한다. 특히 어떤 고민이든 말할 수 있도록 도와야 한다.

많은 부모들이 사춘기 자녀와의 사이에 소통의 어려움을 호소한다. 외식자리에서마저도 스마트폰에서 눈을 안 떼고 대화 한마디 없이 밥만 먹는 자녀들에게 서운함을 호소하기도 한다. 반면, 아이들은 자신을 이해해 주지 않는 부모보다 친구가 자신을 더 챙겨주고 위로가 되어준다고 생각한다. 또 어려서부터 모든 대화의 주제가 시험, 성적, 공부뿐이니 부모와는 딱히 할 말도 없다고 한다. 아이들이 대화를 안 하려는 게 아니라 부모가 대화를 할 수 없게 만든 건 아닌지 돌아봐야 한다.

아이가 부모의 뜻에 어긋나는 행동을 할지라도 덮어놓고 야단치거나 몰아세우지 말고 지켜봐 주면서 부드럽게 권하는 방식으로 대화해 보자. 나는 하고 싶은 말을 나의 실수담에 담아 전하는 방법을 활용했다. 이를테면, "엄마도 학교 다닐 때 ○○을 잘못해서 혼났어. 그게 참 어려워서 애를 먹었는데, 매일 꾸준히 시도하니까 되더라." 하고 말하는 식이다.

아이들은 자신을 비난하지 않는 얘기는 귀담아듣는다. 수업시간에 졸던 아이들도 내가 실수담을 늘어놓으면 깨어나 웃을 때가 많았다. 부모도 매사에 가르치려고만 하지 말고, 이처럼 인생을 앞서 살면서 겪은 경험을 전해 주는 친절한 상담자여야 한다.

상담을 받아보면 상담자는 어떤 것에도 결론을 내려주지 않는다. 내담자 스스로 자기를 돌아보게 만듦으로써 스스로 결론 낼 수 있도록 도와주는 역할을 한다. 부모도 그래야 한다. 어떤 일이든 아이 스스로 생각해 결정짓도록 하는 것은 물론, 그 과정의 길잡이가 돼주어야 한다.

아이에게 꼭 필요한
다섯 가지

부모들이 아이들에게 감정적인 실수를 많이 저지르는 이유는 부모를 처음 해보기 때문인지도 모른다. 부모가 되기 위한 교육을 받은 적도, 예행연습도 없이 덜컥 부모가 되었기에 자신이 믿는 바대로 아이를 기르고 가르친다. 아이가 어떤 상처를 받는지도 눈치 채지 못하는 상태에서 말이다. 나 역시 그랬다. 부모가 사랑이라는 이름으로 저지르는 실수들이 얼마나 많은가! 바로잡을 수만 있다면 하루빨리 바로잡아야 한다.

그렇다면 사랑하는 우리 아이를 어떻게 키워야 좋을까? 아이의 인생을 위해 부모가 반드시 해주어야 하는 다섯 가지를 알아보자.

첫째, 좋은 학습 환경 만들어주기

공간과 시간 면에서 좋은 학습 환경을 만들어주어야 한다.

먼저 공간의 경우, 아이가 마음 놓고 하고 싶은 걸 해볼 수 있는 자신만의 공간이 있어야 한다. 꼭 방이 아니어도 된다. 거실 한쪽에 자그마한 텐트를 쳐 아이만의 아지트로 만들어주고 그 안에서 마음대로 할 수 있도록 해줘도 좋다.

아이의 방이 예쁘게 잘 꾸며져 있어도 그곳에선 아무것도 하지 않는 아이들이 많다. 이유가 뭘까? 방을 어지럽히는 게 싫은 부모가 아이의 행동에 제약을 두기 때문이다. 어떤 집에 가면 지나치게 정리가 잘된 아이 방을 볼 때도 있다. 물론, 아이가 자기 방을 잘 정돈하는 습관을 갖는 건 좋다. 하지만 깨끗한 상태를 유지하고자 아예 어지르지도 못하게 한다면 문제가 된다. 어렸을 적 장난감을 갖고 한창 재미있게 놀고 있을 때, 엄마나 아빠가 갑자기 화를 내면서 강압적으로 방을 정리하라는 요구를 당해 본 경험이 있다면 더 잘 이해가 될 것이다. 부모가 보기에는 엉망이지만 아이는 그게 너무 편한 상태일지도 모르는데 말이다.

정신이 좀 없고 정리가 덜 되더라도 아이가 해보고 싶은 뭔가를 마음 놓고 해볼 수 있게 놓아두자. 물감을 뿌려도, 블록을 쌓았다가 흐트러진 채 잠을 자도 좋다. 밀가루로 아무거나 만들어볼 수도 있고, 자신이 보고 싶은 책을 마음대로 쌓아 놓아도 되는, 우리 아이가 진정 주인이 되는 공간을 만들어주자.

만약, 아이가 스스로 정리하는 걸 많이 힘들어한다면 "방 정리를 도와줄까?"라고 묻고 가끔 도와주는 정도로만 하자. 부모가 장난 감의 위치를 잡아주고 정리하라고 지시하는 게 아니라 아이 스스로 물건 위치를 정하고 정리하도록 만드는, 부모가 정리를 주도하지 말고 도와주는 방식이라야 한다. 아이가 직접 정리해야 무엇이 어디 있는지도 잘 알 수 있다. 적어도 5, 6세부터는 자신의 것을 가져보고 통제해 보는 경험이 중요하다. 그 공간 안에서는 하고 싶은 일을 마음대로 해보도록 내버려두자.

다음으로 시간의 경우, 아이들에게 자유 시간을 꼭 부여해야 한다. 우리는 어릴 적 어떻게 하면 재미있게 놀까를 궁리하는 게 일이었다. 스스로 고민하고 친구들과 얘기해 능동적으로 시간을 사용했다. 요즘 아이들에겐 이런 시간이 절대적으로 부족하다. 자신의 의견은 배제된 채 남에게 강요당하거나 부모의 시간 관리에 의해 시간을 써버리기 일쑤이다. 적어도 내가 통제할 수 있고 내 마음대로 쓸 수 있는 시간이 아이에게 주어져야만 그 안에서 창의력도 발휘되고 꿈도 생길 수 있는데 말이다.

숙제를 다 마치면 마음껏 놀 수 있는 자유 시간이 주어진다는 전제가 있다면 아이들은 최선을 다해 빨리 숙제를 마칠 것이다. 이때 아이가 자기 할 일을 빨리 끝냈다고 다른 공부 거리를 주어서는 안 된다. 그러면 할 일을 빨리 마칠 이유가 없어진 아이들은 대충대충 하면서 시간을 낭비하게 된다. 빨리 해봤자 더 많은 과제만 떠안을 뿐이니 말이다. 따라서 아이가 할 일을 빨리 마치면 아이가 시간의 공백을 충분히 누리면서 활용할 수 있게 해주어야 한다.

아이들이 자신이 원하는 것을 마음껏 시도할 수 있는 공간을 주고, 시간을 스스로 계획할 수 있도록 자율성을 주는 것! 이것이 부모가 반드시 마련해야 할 학습 환경이다.

둘째, 아이가 마음껏 질문하게 하기

아이들의 지적 호기심을 잘 발현시키기 위해서는 궁금한 것을 언제나 물어볼 수 있도록 해야 한다. 아이들은 부모의 반응에 민감하다. 자신의 질문에 부모가 짜증을 내고 신경질적인 반응을 보이면 자신이 잘못한 줄 알고 다음부터는 궁금해도 질문하지 않는다.

선배의 자녀가 ○○학습 영어대회에서 전국 1등을 해 신문에 난 적이 있다. 그들과 함께 가족여행을 갔을 때, 그 아이는 여행 내내 끊임없이 부모에게 질문을 던졌다. 뭔가를 구경할 때나 낚시를 할 때도 "왜 그런 거예요?", "이건 뭐죠?"라며 끝없이 물었다. 궁금한 건 참는 법 없이 질문하는 바람에 밥을 먹을 때마저 집중이 안 될 정도였다.

사실, 더 놀라운 건 그런 아이에게 일일이 다 대답해 주거나, "잘 모르겠는데 우리 이따가 같이 찾아볼까?"라며 질문에 꼬박꼬박 응대하는 선배 부부의 태도였다. 그 아이 역시 잘 자라 지금은 자신이 원하는 일을 직업으로 삼아 열심히 살고 있는데, 그때 나는 이 아이를 통해 끊임없이 질문하면서 답을 찾아갈 수 있는 환경이 얼마나 중요한지를 다시 한 번 느낄 수 있었다.

강연 현장에서 아이들의 끊임없는 질문을 잘 받아주라고 말하면 "너무 바빠서 그럴 새가 없다."고 대답하는 부모들이 있다. 이런 분들께 꼭 말씀드리고 싶은 점은 아이의 질문을 받아주는 데는 어마어마한 노력과 시간이 필요한 게 아니라는 사실이다. 단 5분, 10분 정도라도 괜찮다. 아이가 물어보는 내용을 집중해서 들어주고 답을 모를 땐 책을 찾아보거나 간단한 인터넷 검색을 해도 좋다. 또 부모가 집에 없는 시간이 많다면 책, 컴퓨터 등을 통해 아이들 스스로 궁금증을 풀어낼 수 있는 방법을 알려줘도 된다.

호기심이 많은 아이일수록 질문이 많다. 그 질문이 지적 호기심으로 발전하면 공부를 잘하는 아이가 되고 남다른 창의력을 발휘하기도 한다. 아이들은 언제 어디서든 궁금한 게 많을 수밖에 없다. 세상을 오래 산 사람들도 자신이 경험해 보지 못한 걸 궁금해하지 않던가! 우리 아이가 공부를 잘할 뿐만 아니라 자신이 원하는 진로를 찾아 멋지게 사는 모습이 보고 싶다면 오늘 당장 아이의 질문부터 흔쾌히 받아주자.

셋째, 아이와 가까운 장소에서 세상 가르치기

아이들은 자기 주변을 시작으로 범위를 확대해 나가면서 천천히 세상을 배운다. 가정교육이 중요하고 대부분의 시간을 보내는 학교가 중요한 이유이다. 때문에 이처럼 아이들이 자연스럽게 접하는 환경에서 아이들의 지적 호기심을 자극시켜 주어야 한다.

자주 다니는 상가 건물에서 승강기를 기다릴 때도 각 층에 어떤 점포들이 있는지 알아보면 재미있다. 왜 우리가 자주 가는 빵집은 1층에만 있을까? 독서실이 상가의 맨 꼭대기 층에 있는 이유는 뭘까? 이런 질문을 통해 아이는 세상을 배울 수 있다. 사람은 자신과 관계없는 일에는 흥미가 없다. 내가 좋아하는 아이스크림 파는 상가, 내가 자주 가는 빵집, 우리 집에 들어오는 전기, 엄마와 함께 갔던 시장 등을 통해 세상을 배워 나가는 것이다.

아이가 질문하지 않으면 부모가 질문해 주자. 같이 시장을 다녀왔다면 '전통시장에 가보니까 어떤 점이 불편해?, 어떤 점이 좋은 것 같아?' 하는 식으로 물으면 된다. 또 돈 1만 원으로 전통시장에서 살 수 있는 물건과 대형마트에서 살 수 있는 물건을 비교하게 해보자. 아이 스스로 어떤 물건은 전통시장이 좋고, 어떤 물건은 대형마트가 좋은지 경험을 통해 알 수 있게 된다. 중요한 건 어디를 데리고 갔느냐보다 함께 간 그곳에서 어떤 것을 새로 알게 되었는가를 물어봐 주는 일이다.

또 명절이 되면 어른들과 같은 밥상에 앉게 하자. 진로교육이 저절로 된다. 각자 다른 분야에서 일하는 친척들의 이야기를 통해 직업의 고충도 들을 수 있고, 어떤 직업이 있는지 감을 잡을 수도 있다. 내가 좋아하는 작은아버지가 하는 일이 어떤 건지 귀 기울여

들을 수도 있고, 훌륭하게 사회생활을 하고 있는 친척을 보면서 나도 열심히 노력해 저런 인생을 살아야겠다는 결심을 하기도 한다.

아이들을 흔히 스펀지에 비유하지 않던가. 뭐든지 습득하고 배우는 시기에 자기 주변 익숙한 것으로부터 세상을 배울 수 있는 장을 만들어주자.

넷째, 아이를 타인처럼 대하기

옆집 아이가 60점을 받아 왔다고 한다면 그 아이에게 우리는 뭐라고 말할까?

"괜찮아. 문제가 어려웠나 보지. 다음에 잘 보면 돼!"

보통 이렇게 위로할 것이다. 하지만 내 아이가 60점을 받아왔어도 그럴 수 있을까? 그렇게 좋은 말로 이야기 못한다. 내 아이의 일이기 때문에 마음의 평정을 유지할 수 없다. 그런 이유에서 부모는 자녀를 '타인'처럼 대할 필요가 있다. 다른 사람에게는 상처 주지 않기 위해 배려하고 예의를 갖춰 말하려고 애쓰는 것처럼 내 아이에게도 그렇게 해야 한다.

학교에서 아이들끼리 하는 이야기를 들어보면 놀랄 때가 많다. 자기 부모에 대해 적대적인 아이들도 있고, 집에서는 전혀 말을 하지 않는다는 아이들도 있다.

내 아이 앞이라고 해서 부모가 자기 기분에 따라 함부로 막말을 쏟아놓을 때가 종종 있는데, 가만히 되짚어 생각해 보자. 내가 사랑하지 않는 사람, 나와 상관없는 사람이 한 말은 기분이 나빠도 오래 기억되지 않는다. 그런데 내가 사랑하는 사람이 쏟아놓은 막말은 수십 년이 지나도 기억될 정도로 마음이 너무 아프다.

아이들도 마찬가지다. 제일 의지하는 대상인 부모로부터 들은 막말은 가장 오래 아프게 기억한다. 이는 어른이 되면 부모를 찾지 않고 남보다 더 못한 관계로 치닫게 되는 이유가 되기도 한다. 오랜 시간 자녀와 갈등하며 법적 다툼까지 벌이는 사람들의 소식을 들으면 쓸쓸해지는 것은 비단 나뿐일까? 100세 시대인 지금 자녀와 좋은 관계를 유지하며 사는 일도 중요한 숙제 중 하나라는 생각이 든다.

부모가 공부를 시킬 목적으로 아이에게 심한 말을 한다고 정말 공부를 할까? 입장을 바꿔놓고 생각해 보자. 막말 듣는다고 공부하지 않는다. 오히려 엇나갈 뿐. 그럼에도 불구하고 부모가 감정을 조절 못한 채 심한 말을 하는 이유는 뭘까? 왜 그토록 세상에서 제일 소중한 나의 아이와 갈등을 겪게 될까?

어쩌면 부모가 아이에게 정신적으로 너무 몰입하기 때문이 아닐까 싶다. 부모 입장에서는 세상 무엇보다 소중한 나의 아이가 맞지만, 그렇다고 해서 모든 정신과 영혼을 아이에게 걸어서는 안 된다. 부모에게는 부모 인생이 있고, 아이에게는 아이 인생이 있다. 부모의 뜻대로 안 된다고 해서 아이에게 분노를 터뜨려 봐야 성적이 오르기는커녕 관계만 망가질 뿐이다.

부모가 아이에게 가진 모든 것을 쏟아부어서는 안 된다. 아무리 내가 낳았어도 나와 다른 생각을 가질 수 있다는 점을 인정하고 서로의 생각을 터놓고 말할 수 있어야 한다. 내 생각과 다르다고 언성을 높이거나 부모의 권위를 이용해 윽박지른다면 아이들과의 사이는 멀어질 수밖에 없다.

그러므로 내가 부모님들께 추천하고 싶은 건 아이를 내 자식이 아닌 '타인'처럼 생각하라는 것이다. 일반적인 경우, 사람들은 내 가족보다 타인에게 좀 더 예의를 갖추고 친절하다. 타인에게 예의를 갖추어 행동하는 것처럼 자녀들에게도 배려를 담아 기본적인 예의를 갖추어 대하려는 태도가 중요하다.

다섯째, 부모가 삶의 모델 되기

부모들은 아이를 잘 키우고 싶어 훌륭한 선생님이나 코치를 찾아다닌다. 하지만 아이 입장에서 가장 피부에 와 닿는 인생 롤모델은 부모가 아닐까 싶다. 그러니 내 아이의 인생을 위해 굳이 먼 곳에서 답을 찾을 필요가 없다. 부모가 롤모델이 되면 된다. 누군가의 롤모델이 된다는 것 자체만으로도 성공한 인생인데, 자녀로부터 내 인생의 롤모델은 우리 부모였다는 고백을 들을 수 있다면 그야말로 최고의 찬사가 아닐까?

부모들이 "우리 아이는 나처럼 살게 하기 싫어요."라고 말하기보다 "나같이 살아봐. 참 행복해!"라고 말하는 게 아이들에게는 훨씬 더 따라 하기 쉽고 성공할 수 있는 확실한 방법이다. 아이들을 어떻게 잘 교육해야 할까 고민된다면, 가장 좋은 방법은 부모 자신이 아이의 롤모델이 되는 것이다. 그래야 우리 아이들이 인생을 어떻게 살아가야 하는지 배울 수 있다.

공부는 못하는 아이가
더 힘들다

방학기간에 큰마음 먹고 컴퓨터 연수를 신청한 적이 있다. 아들은 컴퓨터에 앉아 있는 시간이 점점 많아지는데, 엄마는 컴퓨터에 대해 아무것도 몰라 대화도 안 될 뿐 아니라 기초적인 지도도 할 수 없을 것 같아 컴퓨터를 배워야겠다 생각한 것이었다. 마침 학교에서도 모든 시험문제를 컴퓨터로 출제하도록 권장하기 시작하는 때이기도 했다.

하지만 첫 수업시간부터 난관의 연속이었다. 분명히 컴퓨터를 껐다 켜는 것부터 가르치는 기초반이라고 해서 신청했는데, 첫 시간에 선생님이 "오늘은 홈페이지 제작에 관한 것부터 알려 드릴게요."라고 말하는 게 아닌가!

그 뒤로 선생님은 뭐라 알아들을 수 없는 내용을 설명하더니 "그럼 이걸 새 이름으로 저장해 보세요."라고 말했다. 그 말을 들은 내가 '왜 하필 새 이름으로 저장을 해야 하지? 그럼 무슨 새로 하는 게 좋을까?' 고민을 할 때였다. 선생님이 다른 수강생의 컴퓨터를 보더니 "새 이름으로 저장하라니까 이 분은 '꾀꼬리.hwp'로 저장하셨네요."라고 하는 것 아닌가! 그 말에 모두 크게 웃음을 터트렸지만, '파랑새'로 저장하려던 나는 대체 사람들이 왜 웃는지 알지 못했다. 그 정도로 나는 컴퓨터에 무지했다.

아침 9시부터 저녁 6시까지 아홉 시간 동안이나 하나도 알아들을 수 없는 수업을 들으면서 가슴이 답답해 죽는 줄 알았다. 집에 가는 내내 연수를 포기해야겠다는 생각과, 그래도 10일간 다 들어 보면 어느 정도 알 수 있지 않을까 하는 생각이 부딪히며 마음이 혼란스러웠다. 집에 돌아가서는 괜히 아이들에게 짜증을 부렸다.

공부를 못하고 싶은 사람은
아무도 없다

이때의 경험은 나로 하여금 학교에서 공부하느라 힘들어하는 아이들의 얼굴을 떠올리게 했다. 그리고 하루 종일 책상에 앉아 잘 알아듣지도 못하는 수업을 듣고 있는 아이들이 얼마나 참을성 있고, 얼마나 착한 아이들인지 이해하게 되었다.

개학하고 나서 나는 연수를 받을 때의 나처럼 수업내용을 잘 몰라 답답해하고 힘들어하는 아이들을 한 자리에 불러 모았다. 그러고는 아무 말 없이 한 명 한 명 안아주면서 말했다.

"그동안 학교에 와서 열심히 공부하려 노력하는 너희들이 너무 보고 싶었어."

나는 아이들에게 방학 때 있었던 연수 이야기를 해주었다. 10일간의 연수에서 내가 느꼈던 속 터지는 마음이 생생하게 전달되었는지 아이들이 환하게 웃어주었다.

"그래도 다른 선생님들 도움을 받으면서 포기하지 않고 끝까지 해낼 수 있었어. 너희들도 꼭 그렇게 잘 해낼 수 있을 거야."

내가 컴퓨터를 잘하고 싶었던 것처럼 아이들도 마찬가지다. 공부를 못하고 싶어 못하는 사람은 아무도 없다. 다만, 방법을 잘 모르거나 동기부여가 부족할 뿐이다. 나는 이 아이들이 어떻게 하면 공부를 잘할 수 있을까 고민하다가 자율학습 시간에 함께 대화하는 시간을 마련했다. 말은 수다 시간이었지만 각자 공부방법의 문제점을 발견할 수 있도록 도와주고 싶었다.

원하는 성적을 거두지 못하면 공부하고 싶은 마음이 들지 않는다. 마음이 없으니 공부를 안 하게 되고, 이는 결국 좋지 않은 성적으로 이어진다. 이런 악순환이 계속되면서 아이들은 공부로부터 더욱 멀어지고 마는데, 이럴 때 아이들에게 중요한 건 포기하지 않는 마음이다.

아이들과 대화하면서 그동안 공부를 하지 않으면서도 마음 편히 놀지도 못했던 아이들 자신을 상기시켜 주었다. 덧붙여 "그럴 바에야 이제부터 노력해서 성적을 올려보는 게 낫지 않을까?"라고 말해 주었고, 그러려면 남들보다 좀 더 많이 노력해야 하며, 노력만 한다면 그만큼 성과를 낼 수 있다고 얘기해 주었다.

대화를 마친 후 아이들에게 자신들이 할 수 있는 목표를 써보게 했다. 영어 단어를 하루에 10개씩 외우겠다는 아이도 있고, 어휘력 향상을 위해 매일 신문기사 1개씩을 읽겠다는 아이도 있었다. 영어 단어를 약속한 아이에게는 매일 영어 단어 시험을 보았고, 기사를 읽겠다는 아이에게는 기사를 읽은 후 자신이 중요하다고 생각하는 내용을 글로 써보게 했다. 이렇게 한 달 동안 저녁 시간만큼은 아이들에게 모든 신경을 쏟아부었다.

영어 단어를 착실히 외운 아이는 전보다 아는 단어가 늘어 영어 해석이 수월해졌다며 좋아했다. 신문기사를 읽고 정리한 아이는 국어 문제에서 지문을 파악하는 능력이 좋아졌다며 자신감을 드러냈다. 매일매일 조금씩 더 노력하면서 공부를 포기하려 했던 마음을 접고 자신들도 열심히만 하면 성적이 오를 수 있다는 믿음을 갖게 되는 성과를 거둔 것이다.

공부를 못하는 아이들의 학교생활은 공부를 잘하는 아이들보다 훨씬 고통스럽다. 그럼에도 불구하고 잘 참으며 매일 학교에 다니는 아이들의 마음을 잘 헤아려 주고 격려해 주자. 아이가 집에 와서 신경질을 부리는 것은 엄마에게 화를 내는 게 아니라 자기 자신한테 화가 난 것임을 이해하고 야단치지 말자. 오히려 "학교 다니기 힘들지? 애썼다!"라는 말을 건네며 꼭 안아주자.

　어떤 경우에도 '잘 될 것 같지 않아. 포기해야겠어.'와 같은 생각은 절대 해서는 안 된다. 아이들에겐 부모의 마음을 읽어내는 능력이 있다. 아이에 대한 기대를 저버리지 말고, 공부 잘하는 아이와 비교하지도 말며, 전보다 나아지는 우리 아이의 모습을 인정하고 격려해 주자.

5분 발표시간을
갖자

조례시간에 '5분 발표시간'이라는 제목으로 아이들이 친구들에게 들려주고 싶은 이야기를 하도록 했다. 아이들은 맨 처음에는 무슨 이야기를 해야 하는지 몰라 당황스러워했다. 생각보다 더 경직된데다 자신의 이야기를 꺼내는 데 익숙지 않았다. 그러다가 차츰 적응하면서 스스로 순서를 정하고 자신이 하고 싶은 이야기를 하기 시작했다.

이를 통해 내가 가르쳐주고 싶은 것은 두 가지였다. 첫째는 5분이 결코 짧은 시간이 아니라는 점, 둘째는 자신의 생각을 다른 사람에게 잘 전달하려면 연습이 필요하다는 점이었다.

"5분이 이렇게 긴 시간인 줄
몰랐어요."

첫날 발표는 반에서 가장 발표력이 좋은 아이를 시켰다. 그래야 다른 아이들도 그 아이를 따라서 잘할 수 있기 때문이었다. 나는 어떤 주제도 괜찮으니 5분을 꽉 채워 발표하는 친구에게 문화상품 권을 준다고 약속하고 '5분 발표대회'를 시작했다. 39명의 반 학생들이 순서를 정해 돌아가며 며칠 동안에 걸쳐 발표했는데, 5분을 채운 학생은 단 한 명뿐이었다.

쉽게 문화상품권을 받을 수 있으리라 생각하고 좋아하던 아이들은 이구동성으로 5분이 이렇게 긴 시간인 줄 정말 몰랐다고 했다. 또 잠깐의 발표였지만 친구들에 대해 더 많이 알 수 있게 되어 좋았다고도 했다.

그 이후 쉬는 시간 10분을 다양하게 활용하는 아이들이 생겨났다. 책을 읽거나 공부하는 아이들도 늘어났을 뿐만 아니라, 예전 같으면 숙제를 안 해와 야단맞기 일쑤였던 아이들이 쉬는 시간 틈 틈이 못다 한 숙제를 하기도 했다. 아이들이 시간의 소중함을 깨닫고 효율적으로 사용할 수 있게 되었다는 건 정말 큰 수확이었다. 또 다른 사람 앞에서 자신의 이야기를 솔직하게 털어놓았다는 점도 마찬가지였다. 잘 알다시피 사람들 앞에서 내 이야기를 할 줄 아는 능력이 얼마나 중요한가! 아이들이 그걸 배우게 된 것이다.

수업시간에 늘 잠만 자고 무기력하게 앉아 있던 어떤 아이는 자신이 가출했던 이야기를 조심스레 꺼내 친구들을 충격에 빠뜨렸다. 황당한 것은 이 아이가 가출한 동안 부모는 그 사실조차 몰랐던데다 찾지도 않아 결국 자기 발로 집으로 돌아왔다는 사실이다. 웃기면서 슬픈 이 이야기에 아이들은 박장대소를 했다.

한 친구가 이처럼 어렵게 자신의 속마음을 얘기하자 다음부터 봇물 터지듯 진심이 쏟아져 나오기 시작했다. 친구들의 이야기에 공감하고 박수 치고 웃으면서 시작한 하루는 활기차게 변화했다. 아이들은 타인을 의식해 가식적으로 하는 이야기보다 진솔한 이야기에 더 공감하게 된다는 걸 깨달았고, 전에는 몰랐던 친구의 아픔을 알고는 살뜰하게 챙기는 진득한 우정을 보여주기도 했다.

집에서도 저녁식사 후 '5분 발표시간'을 마련해 보자. 뉴스를 보고 주제를 선정해도 좋고, 책에서 주제를 찾아도 좋다. 예능 프로그램에 대한 자신의 의견을 말해 보아도 좋다. 가족끼리 5분 혹은 7분 동안 시간을 정해 놓고 이야기하다 보면 말하고 싶은 내용을 요약 정리해 설득력 있게 말하는 저력이 생긴다. 무엇보다 서로의 관심사와 생각을 확인하고 서로를 이해하는 데 도움이 된다.

경청, 좋은 인간관계의 출발점

아이들한테는 하루 종일 함께 생활하는 짝이 아주 중요하다. 그래서인지 자리를 바꾸는 날이 되면 난리법석이다. 어떤 선생님은 공평하게 한다며 나무젓가락에 번호를 새겨 뽑기도 하고, 또 어떤 선생님은 컴퓨터를 이용해 로또 뽑듯 자리를 정해 주기도 한다.

아이들이 이렇게 자리에 신경을 쓰는 이유는 뭘까? 대부분의 시간을 학교에서 보내는 아이들에게 말이 통하는 친구는 아주 소중하기 때문이다.

우리 반에 거의 모든 친구들이 짝이 되었으면 하고 바라는 인기 남학생 진수가 있었다. 진수의 가장 큰 장점은 언제나 다른 사람들의 말을 잘 들어준다는 것이었다. 수업시간에도 선생님의 말을 잘 경청해 수업에 들어오는 선생님 모두 진수의 이름을 제일 먼저 알 정도였다. 어느 자리, 누구와 짝을 하든 한결같이 상대방을 존중하는 태도에 아이들 모두 진수를 좋아했다.

진수가 영어 말하기 대회에 참가하게 되었을 때였다. 대부분 좋은 성과를 내기 위해 자기보다 영어를 잘하는 파트너를 찾아다녔는데, 자신보다 못하는 자기 짝 영태와 함께 대회에 나가겠다고 해서 나는 무척이나 놀랐다. 영어 성적이 좋지 않은데다 목소리도 작아 자신감이 부족한 영태에게 쉬는 시간마다 영어를 가르쳐주면서 함께 연습을 했는데, 그 모습에서 보통의 아이들에게서 발견하기 힘든 인성과 역량을 확인할 수 있었다. 결국 진수와 영태 팀은 대회에서 우수상이라는 좋은 결과를 얻었다.

나중에 들은 이야기지만, 진수는 영태가 반 아이들과 잘 어울리지 못하고 은근히 무시당하는 걸 보고 마음이 아파 함께 대회에 나가고 싶었다고 했다. 진심으로 자신을 위하는 모습에 감동한 영태는 최선을 다해 연습했고, 그렇게 서로의 간절함이 어우러져 좋은 성과를 거둘 수 있었던 것이다.

새 학년이 되어 처음 아이들을 만나는 시간은 늘 설렌다. 어떤 아이들과 1년을 재미있게 수업하게 될지 궁금하면서 걱정이 되기도 한다. 수업을 하다 보면 누가 집중해 듣고 누가 잘 듣지 않는지 보이기 시작하는데, 수업에 집중하는 아이들은 선생님의 설명 중간 중간에 고개를 끄덕이는 등 반응을 해준다. 그런 모습을 보면 뿌듯한 마음이 든다. 반면, 내가 말하고 있을 때 고개를 푹 숙이고 있거나 떠들거나 딴짓을 하는 아이들도 있다. 앞서 좋은 반응을 보이는 아이들과 마찬가지로 이 아이들의 행동도 습관적이다. 선생님의 의욕을 반감시킨다는 점에서는 반대지만 말이다.

여기서 재미있는 부분은 수업시간에 비교적 좋은 태도를 보이는 학생들이 친구들이 말할 때도 경청하는 태도를 보인다는 사실이다. 수업태도는 성적과도 연계되지만 선생님에 대한 예의의 문제이기도 하다. 이처럼 선생님이든 친구들이든 다른 사람들 앞에서 예의 있는 태도로 경청할 줄 아는 아이들이 인기가 높다.

세상을 살아가는 특별한 비법 같은 건 없다. 늘 좋은 사람들과 어울리며 돈독한 관계를 유지하는 사람들이 성공한다. 자녀가 학교에서 수업을 방해하고 있지는 않은지, 타인의 이야기에 귀를 기울이는 좋은 친구가 되어주는지 반드시 체크해 볼 필요가 있다.

"내 베개에서 네 머리 냄새가 나."

아이들이 사춘기에 들어서면 부모와 대화를 잘 안 한다. 서로 대화하기 어렵다 보니 오해도 생기기 쉽다.

아들이 고등학교 1학년 때 일어난 일이다. 충전을 위해 밤새 꽂아둔 내 휴대폰이 늘 충전이 안 되어 있었다. 수리 센터에서 아무 이상이 없다는 사실을 확인하고서야 아들이 내 휴대폰을 썼을지도 모른다는 생각이 들었다. 아들의 휴대폰은 정액제라 일정 사용량을 넘기면 더 쓸 수 없었으므로 내 휴대폰을 사용하지 않았나 의심한 것이다.

학교 가는 아이를 불러 세운 남편이 휴대폰을 두고 가라고 했다. 여느 때와 다른 아빠의 표정에 아이는 어쩔 수 없이 우리에게 휴대폰을 건넸다. 얼떨결에 아이가 친구들과 주고받은 문자 내역을 보게 된 우리 부부는 아이의 여자 친구가 보낸 문자를 본 순간 그만 얼어붙고 말았다.

"내 베개에서 네 머리 냄새가 나. 너무 좋아!"

가슴이 심하게 쿵쾅거렸다. 생각해 보니 학교에서 가정 수업을 담당하며 이성교제, 연애, 결혼에 대해 가르치는 나였지만 정작 우리 아이들에게는 그런 이야기를 들려준 적이 없었다. 일단 사실 확인이 시급했다. 학교를 마치고 집으로 돌아온 아들에게 마음을 조이며 문제의 문자 메시지를 내밀었다. 예상과는 달리 아들은 아무렇지도 않게 말했다.

"아, 그거요? 여자 친구 만날 때마다 머리에 왁스를 발랐는데, 여자 친구가 그 냄새가 너무 좋다고 하길래 왁스를 선물해 줬어요. 그랬더니 자기 베개에서 제 머리 냄새가 난다고 말한 거예요."

'오! 신이시여, 감사합니다!'

나도 모르게 마음속에서 절로 탄성이 나왔다. 이대로도 해피엔딩이었으나 이때다 싶어 조심스레 한마디 덧붙였다.

"우리 아들이 물론 알아서 잘하겠지만, 새벽까지 문자를 주고받느라 잠도 못 자고 학교 가서 힘들었을 것이라고 생각하니 속상했어."

아들은 아무 말 없이 휴대폰을 가지고 방으로 들어갔다. 이후 아들이 휴대폰을 붙들고 있는 시간이 조금씩 줄어든다는 걸 느낄 수 있었다.

지금이야 웃으면서 회상하지만 그때는 정말 아찔했다. 사춘기 시절의 아이는 감정 기복이 심할 뿐만 아니라 부모의 간섭을 강하게 거부해 부모들이 애를 먹는다. 그래도 아이가 진정으로 부모가 자신을 믿어주고 사랑한다는 확신을 가지고 있다면 설사 부모의 말에 당장 반응하지 않더라도 마음속으로 부모의 말을 곰곰이 생각하게 된다.

아이들은 모두
게임을 하고 싶다

학부모들 중에는 자녀가 게임에만 빠져 산다며 걱정하는 분들이 많다. 수시로 그만하라는 잔소리를 하지만 아이들은 말을 잘 듣지 않는다.

부모 입장에서는 아이가 학업에만 전념해도 모자란 상황에서 게임에 몰두하니 속상한 건 당연하다. 하지만 아이 입장에서 생각해 보면 공부보다 게임이 더 재미있을 수밖에 없다. 공부는 자기가 노력한 만큼의 효과가 바로바로 나타나지 않지만 게임은 바로바로 레벨업 되는 재미가 있다. 그렇게 성취감을 자꾸 맛보게 될수록 게임에 몰입하게 되는 건 당연한 일이다. 게임은 몰입이 잘되게 만드는 요소를 갖추어 놓은 전문 프로그램이다. 이것에 빠지지 않는다면 오히려 이상한 것 아닌가! 그러므로 부모가 무조건 게임을 하지 말라고 잔소리하는 것만으로는 아이가 달라질 수 없다.

디지털 시대를 사는 아이들, 디지털에 빠지는 건 당연하다

게임을 좋아하는 아이들은 밥을 단 몇 분 만에 먹어치운 다음 학교 담을 넘는 위험을 감수하면서까지 몰래 빠져나가 PC방에 가기도 한다. 그중에는 공부 잘하는 아이들도 꽤 있는데, 게임을 좋아하는 아이들은 대체로 두 가지 부류로 나뉜다. 하나는 '게임을 해서 레벨이 높아진 게 나한테 무슨 도움이 되지?'라고 자문하며 게임을 끊거나 대폭 줄이고 공부하는 그룹이고, 하나는 그런 자문 없이 맹목적으로 게임에 빠져 사는 그룹이다.

내가 겪어본 바로는 아무리 늦어도 고등학교 2학년 2학기 정도가 되면 게임을 끊고 공부에 힘을 쏟는 아이들이 많았다. 게다가 이처럼 뭔가에 몰입했던 경험이 있는 아이들이 공부로 관심사를 옮겼을 때 더 좋은 성과를 내는 경우도 보았다. 그러므로 부모들은 아이에게 무작정 잔소리를 늘어놓기보다 지켜봐 주는 것이 좋다. 부모가 자꾸 잔소리를 하면서 못하게 막으면 아이는 반발심에 게임을 더 하겠다고 고집을 부릴 수도 있다. 못하게 하면 더 하고 싶은 게 사람의 심리 아니던가!

우리 아이들도 온종일 부모가 집에 없으니 자기들 세상이라 실컷 게임을 하며 지냈다. 우리 부부 역시 잔소리하고 싶은 마음이 굴뚝같았지만 꾹 참았다. 하지 말라고 하면 더 하고 싶어 안달이 날 거라고 생각했기 때문이다. 어차피 마음만 먹으면 부모가 안 보는 데서 얼마든지 게임을 할 수 있는 세상이므로 통제한다고 고쳐지는 것도 아니라고 판단했다. 아들은 대학에 들어가서도 게임을 많이 했으니 자기가 하고 싶은 만큼 충분히 했던 것 같다. 하지만 우리 부부는 잔소리 대신 아이 스스로 통제할 수 있다고 믿어주고 그 마음을 표현했다.

아이들은 부모가 자신을 어떤 눈으로 바라보는지 다 느낀다. 입으로 "난 너를 믿어."라고 말하는 것보다는 진심으로 그런 느낌이 들도록 정말 믿어주어야 한다. 아이들은 마음만 먹으면 얼마든지 부모를 속일 수 있다. 학교에 오가는 길에는 언제든 게임을 할 수 있는 PC방이 즐비하다. 우리가 통제하고 싶어도 통제할 방법이 없다. 차라리 부모가 보는 데서 신나게 놀 수 있도록 해주는 게 더 좋은 방법이다.

중요한 건 집에서는 게임 말고도 할 수 있는 재미있는 것들이 훨씬 많다는 사실을 알려주는 일인데, 그러려면 먼저 아이의 말에 귀를 기울이고 존중해 주려는 마음이 바탕이 되어야 한다. 그러고 나서 가족끼리 함께하는 운동이나 놀이, 여행 등을 자주 함으로써 게임보다 더 재미있는 일들이 많다는 사실을 알려주면 된다.

게임에만 빠져 있는 아이의 마음

학교에서는 1년에 두 차례 정도 게임중독 여부를 알아보기 위해 설문조사를 진행한다. 그런데 정말 게임에만 빠져 사는 아이들은 게임중독 판정이 잘 안 나온다. 이유는 자신이 중독임을 알고 설문에 솔직하게 답하지 않기 때문이다. 정작 '게임중독 위험군'으로 분류되어 상담을 오는 아이들은 자기보다 더 심한 아이들의 '정상' 판정에 억울함을 호소한다. 그런 판정을 받으면 학부모 호출로 이어지고, 걱정된 학부모들이 더 심한 관리에 들어가기 때문이다. 또 이를 중독의 종류로 나눠보면 남자아이들은 게임중독, 여자아이들은 스마트폰으로 하는 SNS 중독이 많은 편이다.

나는 게임이나 SNS 중독 증세를 나타내는 아이들을 관찰하면서 한 가지 특징을 발견할 수 있었다. 그것은 가정에서의 대화가 턱없이 부족한 상태라는 점이었다. 부모와 자녀 간의 사이가 원활하지 못하고 소통이 단절되어 있는 경우가 많았다. 사실, 학교 성적이 좋지 않고, 여러 가지 이유로 마음이 안정되지 않는 아이들이 현실을 도피하기 위한 수단으로 게임에 빠져들기도 한다.

아이가 게임이나 SNS 중독 증세를 나타낸다면 어떤 심리 상태에 있는지를 살펴보아야 한다. 단지 중독 증세에만 주목해 휴대폰이나 컴퓨터를 차단할 게 아니라 아이의 심리를 살펴 어떤 아픔과 공허함을 갖고 있는지 발견하고 채워주어야 한다. 아이가 충분히 사랑과 관심을 느끼고 안정감을 되찾을 수 있다면 중독 문제는 생각보다 쉽게 해결할 수 있다.

아이가 게임을 즐긴다는 자체는 문제가 되지 않는다. 또 게임을 좋아하고 잘한다고 모두 중독이 되는 것도 아니다. 서울대에 진학한 학생들도 게임을 좋아할 뿐만 아니라 잘하는 아이들도 많다. 다만, 차이점이라면 스스로 절제하고 통제할 줄 안다는 것뿐이다. 게임을 좋아하고 잘한다고 문제아 취급하지 말고 긍정적인 측면으로 게임을 이용할 수 있도록 하자. 통제가 아니라 스스로 절제할 수 있도록 긍정적인 마음으로 믿고 지켜봐 주자.

게임중독이 우려된다면?

현실에서의 나는 보잘것없지만 가상세계 안에서는 최고가 될 수 있고, 현실에서의 나는 아무도 상대해 주지 않지만 가상세계에선 나를 친구로 받아주고 인정해 준다면 아이들은 게임에 빠져들 수밖에 없다. 학교에서 왕따를 당하거나 성적이 너무 나쁜 경우, 집안 사정이 어렵거나 분위기가 좋지 않을 때 아이들이 게임에 빠지는 걸 교직생활을 하면서 많이 보았다.

반면, 부모님의 사랑과 관심을 받고 대화가 잘 이루어지는 경우는 게임을 좋아해도 중독까지는 가지 않는다. 게다가 자존감이 높은 아이들은 스스로 계획한 시간만큼 실컷 놀고 절제할 줄도 안다. 아이에게 중독 증상이 나타나면 무엇보다 아이의 마음을 살펴보아야 한다는 뜻이다. 그럼에도 내 아이가 게임이나 SNS 중독에 빠져들까 걱정된다면 아이들과 함께 얘기해 다음처럼 스마트폰 사용규칙을 정하는 게 좋다.

① 휴대폰은 집에 두고 학교에 가져가지 않기

초등학교의 경우 휴대폰을 아예 못 가져오게 하는 편이며, 중고등학교에서는 조회시간에 휴대폰을 걷어 교무실에 보관한다. 수업에 방해가 되기도 해서 취하는 조치임과 동시에 휴대폰 없는 생활에 적응시키기 위한 방편이기도 하다. 그러니 학교에 휴대폰을 가져가도 쓸 수 있는 시간이 거의 없다.

중고등학교의 경우, 가끔 수업시간에 휴대폰이 필요할 때에는 선생님이 아이들에게 나눠주고 수업을 하기도 한다. 그럴 때 혹 스마트폰이 아니거나 휴대폰 없는 아이들에게는 선생님이 빌려주기도 하고 다른 반 아이들에게 빌리기도 한다. 스마트폰은 필수품이 아니어서 스마트폰이 없다고 수행평가를 감점당하거나 하는 일은 절대 없다. 결론은 학교에는 휴대폰을 가져오지 않아도 아무 문제가 없다는 것이다. 만약, 부모님이 아이와 급하게 연락해야 할 일이 생기면 교무실이나 담임 선생님을 통하면 된다.

② 가족들과 함께하는 시간 늘리기

아이가 초등학생이라면 부모와 함께하는 게임이나 카드놀이 등 함께 놀아주는 시간을 많이 가져 휴대폰보다 부모님과 함께 있는 시간이 더 즐겁다는 사실을 알게 해주려는 노력이 필요하다. 요즘 식당에서 밥을 먹으면서 서로 끊임없이 얘기하는 테이블은 가족이 아니라 모임이고, 아무 말 없이 휴대폰만 서로 들여다보는 사람들은 가족이라는 말이 있다. 참 슬픈 현실이다. 부모와 함께 있는 시간이 늘 즐겁고, 자신이 하고 싶은 얘기를 부모가 잘 들어주고 공감해 준다는 확신이 들면 아이들은 스마트폰에 매달리지 않을 것이다. 함께 있어 봐야 아무 재미가 없으니 아이들이 그것에 빠져 사는 게 아닐까?

가족끼리 같은 취미를 가진다는 건 그래서 중요할 뿐만 아니라 훨씬 더 행복할 수 있다. 가족이 함께 합주연습을 한다든지, 바둑이나 보드게임, 배드민턴 같은 운동이나 요리 등을 한다면 부모와 아이들 모두 얼마든지 다양하고 재미있게 지낼 수 있다.

③ 잘 때나 공부할 때 폰을 끄거나 비행기 모드로 설정하기

밤새 친구들과 카톡으로 수다를 떨거나 게임을 한 아이들은 학교에 오면 티가 난다. 잠을 못 이겨 졸거나 수업에 집중하지 못하고 산만한 행동을 보인다. 피곤하니 신경이 예민해져 친구들에게 짜증을 부리기도 한다. 때문에 적어도 잠잘 때와 공부할 때는 휴대폰으로부터 분리될 수 있어야 한다. 특히 잠자는 시간만큼은 절대 방해받아서는 안 된다. 알람조차도 휴대폰으로 맞추지 말고 자명종을 사용하는 게 좋다.

④ 앱을 최소화하기

스마트폰에 여러 가지 게임 앱을 깔아두면 용량을 많이 차지할 뿐만 아니라 자꾸 보이므로 하고 싶다는 생각이 들게 된다. 게임은 최소한으로 1~2가지만 깔도록 하고 다른 앱도 가급적 깔지 않도록 한다. 반면, 지하철이나 길찾기 등 생활에 꼭 필요한 앱이라면 잘 활용할 수 있도록 가르쳐주는 것이 좋다.

⑤ 스스로 사용 규칙 정하기

스마트폰의 사용 목적을 스스로 정하게 하고 그 용도에 맞게 사용할 수 있도록 지도해 보자. 스마트폰은 원래 인간의 편리한 생활을 위해 만들어진 물건이다. 원래의 목적대로 유용하게 잘 활용하도록 알려줄 필요가 있다.

⑥ 부모 먼저 휴대폰 바람직하게 사용하기

흔히 스마트폰을 4시간 이상 사용하면 스마트폰 중독이라고 한다. 부모 먼저 스마트폰을 얼마나 사용하고 있는지, 아이에게 어떤 모습을 보이고 있는지 생각해 볼 필요가 있다. 아이와 대화 없이 스마트폰만 보고 있다면 아이가 어떤 생각을 하게 될까? 유용한 기기를 잘 활용해 삶을 윤택하게 할 수 있도록 지혜로운 방법을 부모 스스로 제시할 수 있어야 한다. 부모와 대화가 많고 자존감이 높은 아이들은 게임중독(한국 정보화 진흥원 홈페이지에 들어가면 자가 중독 판정을 받을 수 있다)에 잘 빠지지 않는다.

"아무도 저한테 왜 그랬냐고
묻지 않았어요."

사춘기에 들어선 아이는 자주 부모와 교사들을 혼란스럽게 만든다. 쉽게 짜증을 내기 일쑤인데다 방에 틀어박혀 혼자만의 세계에 빠지기도 한다. 또 부모의 말에 짜증 섞인 "알았어.", "됐어."라는 말을 늘 입에 달고 살고, 선생님의 애정 어린 관심에도 "몰라요."라는 무성의한 답으로 일관하기도 한다.

부모와 교사는 아이들의 이 같은 서늘한 태도에 상처를 받아 더 이상 다가갈 생각을 않고 물러서기도 하는데, 그럼에도 불구하고 우리가 먼저 다가서야 한다. 아이들은 자신의 마음을 표현할 방법을 몰라 그렇게 대응하는 것일 수 있기 때문이다.

여기서 소개할 이야기는 아이들의 퉁명스러운 태도 이면에는 얼마나 여린 마음이 숨어 있는지를 일깨워 준다.

5월쯤 되면 학교에서는 학교폭력에 관한 설문조사를 진행한다. 그때 많은 제보가 들어오는데, 어느 해에 유독 1학년 동민이에 대한 제보가 집중되었다. 선생님들은 그 아이가 엄청 무섭고 폭력적이라는 그간의 관찰내용을 나에게 설명해 주었고, 나는 동민이와 상담을 하기로 했다. 상담실로 들어선 아이를 보는 순간 다른 학생보다 훨씬 나이 들어 보이는 외모와 큰 주먹은 두려움이 느껴질 정도로 나를 당황케 했다. 하지만 당황한 기색을 감추고 침착하게 차를 타서 건넨 후 이야기를 시작했다. 동민이의 긴장을 풀어주고 마음 문을 열도록 하기 위해 이런저런 이야깃거리를 늘어놓았지만 동민이는 방어적인 자세로 수동적인 대답만 했다.

"그런데 왜 때렸어? 선생님은 네가 그 아이를 때린 게 중요한 게 아니라 왜 그런 마음이 들었는지가 궁금해."

내 물음에 동민이는 순간 멈칫하더니 갑자기 눈물을 쏟았다.

"선생님, 아무도 저한테 왜 그랬냐고 물어봐 주지 않았어요. 그냥 '너는 나쁜 애'라고만 했지……."

순간 나는 무서운 외모의 골칫덩어리 문제아가 아닌, 마음이 여리고 사랑받고 싶은 아이의 울부짖음을 보는 것 같아 마음이 짠했다.

동민이의 말을 들어보니 집에서 아빠한테 늘 맞는다고 했다. 동생은 항상 시험성적이 좋은데 자신은 공부를 못한다고 아빠가 너무 심하게 차별한다는 것이다. 아빠는 동민이에게 "넌 내가 이미 포기했어."라는 말을 서슴지 않고 한다고도 했다. 아빠에게 너무 화가 나 그 분노를 참지 못하고 친구들을 때리거나 간식 등을 빼앗아 먹게 되었다는 말이었다.

나는 어떤 이유에서든 폭력은 잘못된 것이라는 사실을 알려준 다음 부모님과 만나 이야기해 보겠다고 약속했다.

동민이의 어머니를 만나고 며칠이 지나 아버지를 만났다. 동민이의 어머니로부터 말을 전해 들은 동민이 아버지는 자신의 행동을 반성하고 있었다. 나는 동민이가 마음에 얼마나 큰 상처를 입었는지 설명하고 동민이에게 많은 사랑을 주어 달라고 당부했다.

퇴학 처분을 면한 동민이는 학교봉사 7일에 처해졌다. 맞은 아이 쪽 부모가 동민이의 숨겨진 이야기를 듣고 화가 누그러져 선처해 주신 덕분이었다. 학교에도 평화가 찾아왔다. 동민이는 자신이 괴롭혔던 아이들에게 사과하고 깊이 반성했으며, 이후에는 다른 아이들이 폭력을 휘두르지 못하게 막아주는 역할을 했다. 집에서는 어떻게 지내냐는 나의 물음에 "그날 이후론 아빠한테 한 번도 안 맞아봤어요."라며 환하게 웃어 보였다.

모든 학교폭력이 이렇게 해피엔딩으로 끝나는 건 아니지만 나는 이 일로 많은 걸 느낄 수 있었다. 때때로 아이들은 자기가 지금 아프니 제발 돌아봐 달라고 문제를 일으킨다. 그 상처를 봐주고 쓰다듬어 주면 문제행동을 없애는 실마리를 찾을 수 있다. 무엇보다 부모는 자신이 알게 모르게 아이에게 상처를 주고 있지는 않은지 돌아보아야 한다.

교육의 본질을
이해하자

교사로서 나는 웬만하면 아이들의 휴대폰 번호를 다 저장해 두는 편이었다. 카톡 대문에 어떤 글과 사진이 올라오는지를 가끔 확인하기 위해서였다. 특히 카톡 대문에 쓰여 있는 글은 아이들의 마음 상태를 파악하는 데 좋은 자료가 된다.

하루는 아이들의 카톡을 쭉 훑어보는데 어떤 아이가 "죽어야 끝나겠지?"라고 써놓은 글을 보고 아이를 불러 상담한 적이 있다. 매우 불안해 보이는 그 아이는 나에게 엄청난 자료를 보여주었다. 그동안 자기가 카톡방에 끌려가 당한 언어폭력과 금품을 요구하는 협박성 글 등을 저장해 USB에 담아놓고 있었던 것이다. 선생님에게 알려봐야 해결해 주지 않을 것이고, 공개해 봤자 가해했던 친구는 화장실 청소 같은 가벼운 처벌만 받고 자신을 더 괴롭힐 게 뻔하니 지금은 가만히 있겠다고 했다. 잘 보관했다가 그 친구가 커서 사회생활을 할 때 온라인에 올릴 것이라는 말과 함께…….

나는 큰 충격을 받았지만 학교 규칙에 한계가 있음도 인정할 수밖에 없었다. 그런 문제를 발견해도 처벌 근거가 약할 뿐만 아니라 대부분의 아이들은 장난이고 친해서 그랬다고 말하기 때문이다.

성적에만 올인하는 교육이 아이들을 망친다

친구들을 괴롭히는 영상을 인터넷에 올리며 자신이 힘 있는 사람임을 과시하는 경우도 있다. 괴롭히는 아이들은 장난이라 말하지만 당하는 친구들은 그 고통을 절대 잊지 못한다. 남을 괴롭히는 장면이 담긴 영상을 온라인상에 함부로 올리는 행위는 피해자에게는 극복하기 어려운 상처가 될 뿐만 아니라 가해자 역시 그 행위로부터 결코 자유로울 수 없다. 난 이 같은 사실을 아이들에게 철저히 주지시켜야 한다고 생각한다.

친구들을 괴롭히는 행위에 대해 무조건 처벌하는 것만으로는 행동을 변화시키기 어렵다. 행동변화를 위한 교육과 상담 등 다각적인 노력을 기울여야 한다. 또 한편으로는 아이들로 하여금 자신의 행동에 대한 책임을 깨닫게 해주는 방법도 필요하다. 그러려면 아이들에게 인터넷 안에서 이루어지는 모든 활동은 고스란히 다 남는다는 사실을 인식시켜야 한다.

원치 않는 인터넷 기록을 삭제해 주는 '디지털 세탁소', '디지털 장의사'라는 업체들이 있지만 한 번 생성된 인터넷 기록을 완전히 삭제하기란 거의 불가능하다. 게다가 내가 남긴 인터넷 기록들은 빅데이터로서 나의 성향으로 굳어지고 나를 설명하는 자료가 된다. 괴롭히는 모습을 찍은 영상, SNS 상의 욕설, 페이스북이나 인스타 그램에 남긴 댓글 등은 철없는 시절에 한 행동이었다고 아무리 변명해도 꼬리표처럼 계속 달고 다니게 될 가능성이 높다.

어쩌다 우리 아이들의 문화가 이렇게까지 비뚤어졌는지 어른의 한 사람으로서 마음이 무겁다. 우리의 아이들을 피해자, 가해자 둘 모두 되게 하지 않으려면 성적만 중시하는 교육으로부터 벗어나 인성교육에 초점을 맞추어야 한다. 교육당국도 이런 문제점을 인식하고 아이들의 인성교육을 강화하기 위해 여러 가지 노력을 기울이고 있다.

달라진 평가기준, 중요한 건 인성

"학교생활기록부의 학업 이외의 교내 수상, 창의적 체험활동 상황, 봉사활동 내용, 행동특성 및 종합의견, 자기소개서를 통해 학생의 대인관계 및 인성 등 개인적 특성을 판단하며, 경험의 유무나 활동의 양이 아닌 활동내용과 학생에게 미친 영향을 질적으로 평가합니다."

이는 서울대학교가 학생부 종합전형에서 학생부를 통해 무엇을 판단하는가를 설명한 내용이다. 학생부나 자기소개서를 통해 결국 인성을 판단한다는 말이다. 서울대뿐 아니라 많은 대학교가 아이들의 인성과 기본 소양을 평가기준의 하나로 삼고 있다.

그렇다면 선생님은 아이의 인성을 어떻게 판단하고 학생부의 행동특성 및 종합의견 난에 결과를 써넣을 수 있을까? 과거의 교육방식으로는 아이들의 인성을 잘 볼 수 없었다. 때문에 그저 수업시간에 집중력이 좋고 이해도가 높다거나 수업태도가 좋다는 등의 평가를 주로 해올 수밖에 없었다.

그러나 요즘 학교현장에서는, 중학교는 자유학기제를 기점으로 수업방법에 변화가 일기 시작했다. 인공지능과 더불어 살아야 할 우리 아이들이 지식만으로는 경쟁력을 갖출 수 없기 때문에 인공지능이 인간을 따라잡지 못하는 영역인 창의력, 인성, 문제 해결력 등이 어느 때보다 강조되고 있다. 따라서 이런 능력을 키워주는 수업으로 변화를 모색하고 있는데, 그동안의 주입식과 암기식 교육에서 벗어나 프로젝트 수업, 실습, 거꾸로 학습, 토론학습 등 다양한 방법으로 수업을 바꾸어 가고 있는 중이다.

이런 수업들이 어떻게 아이의 인성을 키워주며, 교사들은 또 그

걸 어떻게 파악할 수 있다는 걸까? 내가 맡은 가정 수업을 예로 들어보자. 가정이란 교과는 다른 과목에 비해 실습이 많은 편이다. 그렇게 조리실습이나 프로젝트 수업을 진행하다 보면 아이들의 문제 해결력, 인성, 창의력이 다 드러난다. 조리실습 시간에 이리저리 뛰어다니며 다른 조의 식재료를 뺏어 먹는 아이가 있는가 하면, 꼼짝도 안 하고 앉아서 다른 애들만 시켜대는 아이들도 있다. 평소 수업 때 잘 몰랐던 아이들의 이런 성품을 발견하게 되는데, 4월쯤 조리실습을 해보면 거의 다 파악이 가능하다.

또 수행평가는 아이들의 인성을 파악해 건강하게 키워줄 수 있는 좋은 방법이다. '가족 간의 대화'라는 단원에서 가족 간 갈등상황을 이야기한 다음 어떻게 하면 대화로 잘 풀어 갈 수 있을지 5분 단막극으로 표현해 보는 수행평가를 하게 되었다. 말수가 적은 현주를 어느 조에 넣을지 고민하던 나는 반장이 속한 조에 배정하면 잘 이끌어주지 않을까 기대하며 반장 조에 현주를 포함시켰다.

하지만 조를 발표하자마자 반장이 현주 뒤에서 손가락으로 현주를 가리키며 "아, 우리 조, 얘 때문에 망했네."라고 말했다. 조원들끼리 모여 회의를 할 때도 계속 "어차피 우린 누구 때문에 안 돼."라고 얘기하는 걸 보고 나는 반장을 조용히 밖으로 불러냈다.

"연극을 해야 하는데 현주가 말을 잘 안 하니 고민이 되긴 하겠지만 선생님은 네가 충분히 잘 이끌어줄 거라고 생각했어. 하지만 네가 그렇게 하기 싫거나, 원한다면 조를 바꿔줄게."

내가 기대했던 대답은 '제가 경솔했던 것 같아요.'와 같은 말이었으나 뜻밖에 반장은 나에게 조를 바꿔 달라고 요청했다.

나는 씁쓸한 마음으로 현주를 불러 물어보았다.

"혹시 괜찮으면 다른 조로 옮겨줄까?"

현주는 말없이 고개를 끄덕였다.

조를 옮겨주고 나서 긴장하며 아이들을 살펴보았는데, 현주가 새로 들어간 조에서는 아이들이 시종일관 웃으면서 연극을 준비했다. 그 조의 회의내용을 가만히 들어보았더니 아이들은 말수 적은 현주에게 소품을 이용해 대사가 거의 없는 배역을 맡겼고, 현주도 조원들과 잘 어울려 연습을 해나가는 게 보였다.

조별 발표 후 어느 조가 가장 잘했나를 아이들이 평가해 스티커를 붙일 때에는 모두 현주가 속한 조에 1등을 주었다. 그리고 그날 나는 조장을 맡아 화목하게 잘 이끌며 리더십을 발휘한 아이를 한 명 새롭게 발견할 수 있었다. 이처럼 조별 수행평가를 시켜보면 아이들의 진면목을 충분히 볼 수 있다.

사람들은 서로 다르다. 너무나 다양한 '다름' 속에 서로를 연결하려면 진심으로 소통하기 위해 노력할 줄 알아야 한다. 인성이 뛰어난 아이는 상대를 감동시켜 결국 문제를 잘 해결해 낸다. 살아보니 성공의 중요한 요소는 인간관계이며 인성이 최고의 실력이라는 사실을 우리는 이미 깨닫지 않았던가!

옆집 엄마
따라하지 않기

"엄마, 저 자퇴하고 싶어요."

아들이 고등학교 2학년 때, 학교에서 퇴근해 밤늦게 집으로 돌아온 내 눈치를 살피다가 불쑥 꺼낸 말이다. 순간 내 머릿속이 하얗게 변했다.

"무슨 일이 있었니?"

"학교는 다닐수록 손해인 것 같아요."

그때까지 나는 매일 밤 10시 너머까지 자율학습을 지도하면서 아이들의 성장을 지켜보는 보람으로 살았다. 그런 나에게 아들이 던진 말은 너무나 충격이었다. 학교를 다닐수록 손해라니……

이 세상에 학교 다니기를 좋아하는 사람은 드물다. 공부를 잘하는 아이들은 이미 자신이 잘 아는 것을 배우니 흥미가 없고, 공부를 못하는 아이들은 공부가 힘들고 지루할 뿐이다. 학교가 좋아서 다니는 아이들은 가물에 콩 나듯 보기 어렵다.

가끔 이런 문제의식을 가지고 상담하러 오는 아이들이 꽤 있다. 학교를 자퇴하고 하고 싶은 공부에만 몰두해 보겠다는 아이들도 있고, 매일 와서 하는 일이라곤 야단맞는 것밖에 없어 다니고 싶지 않다는 아이들도 있었다. 나는 그들 모두에게 똑같이 말했다.

"그래, 아주 좋은 생각이야. 그렇게 해봐."

그러고 나면 아이들이 오히려 당황해서 멈칫했다. 이상하게 하지 말라고 하면 더 하고 싶기에 나는 일부러 내 생각과 반대로 말을 해주었다. 그렇게 열린 아이들의 말문을 붙들고 한참을 얘기하면 마음이 조금은 풀리는지 "선생님, 자퇴는 언제라도 할 수 있으니까 좀 더 생각해 보고 나중에 결정할게요."라며 돌아갔다.

학교에서 만나는 아이들에게는 그처럼 의연히 대처했건만 막상 아들에게 똑같은 말을 들으니 평정심이 흐트러졌다. 수없이 들었던 말인데 내 아이한테 들은 이 말은 유독 더 아프게 느껴졌다.

따뜻한 햇볕이 변화를 만든다

애써 태연한 척하며 아들과 대화를 이어갔다.

"엄마도 한번 들어보세요. 1교시부터 7교시까지 매일 선생님들이 들어오셔서 아이들 수업태도가 안 좋다고 야단만 치고 단체기합을 준단 말이에요. 수업태도 안 좋은 게 내 잘못도 아니고…….차라리 자퇴하고 독서실 다니면서 제가 알아서 공부할게요."

"알았어. 자퇴는 얼마든지 할 수 있지만 한번 자퇴하면 다시 돌이킬 수 없으니까 일주일만 생각해 보자."

간신히 아들은 달래놓았지만 밤새 잠을 이루지 못했다.

다행히 고등학교 2학년 여름방학을 앞두었던 때라 그랬는지 그 뒤로 아들은 아무 말도 하지 않고 방학을 맞이했다. 나는 아이의 동태를 살피며 또 자퇴 얘기가 나오지나 않을까 노심초사했다. 아들도 그런 엄마의 마음을 알았는지 하고 싶은 말을 참고 있는 눈치였다. 아니면 새벽녘 식탁에 앉아 조용조용 기도하는 소리를 들었는지도 모르겠다.

어릴 때 읽었던 이솝우화 중에 살면서 자꾸 되새기게 되는 글이 하나 있다. 나그네의 옷을 벗기려고 태양과 바람이 시합을 했다는 얘기가 바로 그것이다. 바람이 세게 불었지만 나그네는 오히려 옷깃을 더 여몄고, 반대로 따뜻한 태양 볕이 내려쬐자 나그네는 더워서 스스로 옷을 벗었다는 그 교훈 말이다.

나는 아들에게 내 주장을 앞세우는 대신 '엄마 아빠는 언제나 네 편'이라는 메시지를 주려고 애썼다. 고등학교 3학년이 되자 아이는 한층 밝은 얼굴로 이렇게 말했다.

"엄마, 3학년이 빨리 될걸 그랬어요. 선생님들도 너무 좋고 수업 분위기도 좋아서 학교가 재미있어요."

그제야 마음을 놓을 수 있었다. 당시 초조한 마음에 아들에게 "자퇴라니, 무슨 쓸데없는 소리냐!"며 무시하거나 생각을 억지로 돌리기 위해 강요했다면 어떻게 되었을까? 아들은 반발심에 자퇴를 하겠다고 고집을 세웠을 수도 있다. 하지만 아이 스스로 그렇게 하지 않아도 된다는 걸 알았기 때문에 별 마찰 없이 자퇴를 철회할 수 있었다.

부모들은 항상 아이가 불안해 보이지만 의외로 아이들은 자신의 길을 잘 찾아간다. 우리는 그걸 기다려 주기만 하면 된다.

이 세상에서 가장 유능한 교육자는 옆집 엄마?

이 세상에 선생님보다, 교육학 박사보다 더 유능한 교육자는 옆집 엄마란다. 숱한 전문가들로부터 실컷 학부모 교육을 받고 나서 옆집 아줌마를 만나면 들었던 내용은 온데간데없고 그녀의 성공담에 이끌려 아이 스케줄을 옆집 아이와 같게 맞춘다고 해서 나온 말이다.

그런데 한번 차근차근 따져볼 필요가 있다. 우리 아이가 옆집 아이와 성적이 같은가? 우리 아이와 옆집 아이의 꿈이 같은가? 우리 아이와 옆집 아이의 성향이 같은가? 지혜로운 엄마라면 옆집 아줌마의 조언에 흔들리지 않고 내 자녀의 특성에 따라 모든 걸 결정해야 한다.

다이어트에는 많은 방법과 성공담이 있다. 하지만 그것에 따른 부작용도 많다. 결국 자신에게 가장 잘 맞는 방법, 가장 잘 맞는 음식을 찾아내는 게 관건이 된다. 공부도 마찬가지다. 아이 스스로 자신에게 가장 잘 맞는 방법을 찾아낼 수 있도록 기다려 주어야 하는데, 이때 시기별로 놓쳐서는 안 되는 가장 중요한 교육의 목표가 있다.

- ◉ 초등학교 : 독서의 생활화.
- ◉ 중학교 : '자기만의 학습법' 찾아내기.
- ◉ 고등학교 : 자신의 재능과 적성에 맞는 진로 설정하고 그에 맞게 계획해 실천하기.

시기별로 아이가 목표를 이룰 수 있도록 조언해 주고 기다려 주는 것이 지혜로운 부모의 자세이다. 우리 아이의 특성을 파악하고 스스로 해낼 수 있는 근육을 키워주어야 한다. 운동을 시작했다고 해서 바로 근육이 생기는 게 아닌 것처럼, 공부도 시작과 동시에 바로 잘할 수 있는 방법을 터득하기는 어렵지만 실수와 반복의 경험을 계속하다 보면 자신만의 공부법이 생기게 된다.

부모의 강압이 있으면 하기가 싫어진다. 스스로 하고 싶은 마음이 들 수 있도록 정서적으로 안정된 환경을 만들어주고 부모로서 따뜻한 관심을 보여주자. 아이의 생각이 어떤 건지, 하고 싶은 게 뭔지, 어떻게 하면 그 일을 할 수 있을지를 질문해 아이 스스로 그 질문에 답을 찾게 해야 아이가 변한다. 부모가 강압적으로 밀어붙이지 말고 아이 스스로 생각할 마음의 여유를 주자.

세상에 어떤 경우에도 변하지 않는 게 있다. 바로 본질이다. 교육의 본질은 '스스로 해내는 것'에 있다. 아무리 유명한 강사, 좋은 공부법이라도 아이 스스로 배우려는 마음이 없으면 도움이 안 된다.

공부, 부모에게 더 필요하다

성적이 많이 오른 아이를 상담하는 시간은 즐겁다. 상담시간 내내 잘했다는 칭찬을 하게 될 뿐만 아니라 환하게 웃는 아이의 모습을 보게 되니 즐거운 대화가 오가는 건 당연하다.

"축하해. 성적이 많이 올랐네. 잘했어! 그런데 비법이 뭐야? 공부 방법을 달리 한 거야?"

"아직 멀었어요, 선생님. 저는 요즘 저보다 더 열심히 공부하는 엄마 때문에 공부를 안 할 수가 없어요."

"엄마가 공부를 하셔?"

"네. 영어를 배우고 싶다며 학원을 등록하셨는데요. 식탁에 앉아서 같이 공부하는데, 저보다 엄마가 더 열심히 공부해서 저 요즘 너무 힘들어요."

말은 힘들다고 하지만 여전히 얼굴은 환하게 웃고 있다. 그렇다.

백 마디 잔소리보다 부모가 어떻게 살아가야 하는지를 평소 생활에서 보여주어야 한다. 책을 읽으라고 소리치기보다 책을 읽고 책 내용을 전해 주는 부모가 되자. 공부하라는 잔소리만 하지 말고 함께 공부하는 부모가 되자. 매일 아이를 살피며 노심초사하기보다 자기 일을 열심히 하는 부모의 모습을 보여주자.

공부는 무엇보다 부모에게 필수이다. 과거에 비해 빠르게 변하는 세상! 따지고 보면 우리 어른들도 예전에 알았던 지식만으로는 살아가기 힘든 세상이지 않은가!

우선 가까운 문화센터나 평생교육센터에서 진행하는 무료강좌를 들어보자. 한국형 무크라고 부르는 K-MOOC(www.kmooc.kr)도 있다. K-MOOC(Massive Open Online Course)는 서울대학교를 비롯해 카이스트 등 국내 10개 유수 대학의 강좌를 들을 수 있는 무료 공개강좌 사이트이다. 학습자가 수동적으로 듣기만 하는 온라인 학습 동영상과 달리 교수자와 학습자가 질의응답, 토론, 퀴즈, 과제 제출 등 양방향 학습이 가능하다. 강의는 앞으로 더 늘어난다고 한다. 영어가 자신 있으면 MOOC를 통해 다른 나라의 강좌도 들을 수 있다.

K-MOOC를 즐겨찾기해 놓고 우리나라 대학의 강의를 무료로 들으며 새로운 공부를 시작해 보자. 교수님이 숙제도 내주고 60% 이상 인터넷 강의를 잘 들으면 이수증도 나온다. 이수증이 있다고 큰 도움이 될 일은 없겠지만, 나의 성실한 수업 태도를 직접 확인하는 수단이 되고 새로운 뭔가에 도전할 용기를 준다.

또 모든 초점을 아이에게 맞추지 말고 부모가 각자 자신을 위해 하루에 오천 원씩만 저축해 보자. 한 달이면 그 돈으로 사교육을 받기에 충분하다. 예전에 배우고 싶었는데 못 배운 방송댄스에 몸을 맡겨보는 건 어떨까? 몸과 마음이 함께 젊어지고 재미있으며 다이어트도 된다. 아니면 일상을 스토리로 쓸 수 있는 글쓰기를 배워 그간 쌓아둔 이야기를 글로 풀어보는 건 어떤가?

세상에는 새로 배울 것들이 넘쳐난다. '100세 시대'라고 한다. 언제든 새로운 시작을 시도할 필요가 있다. 새로운 뭔가를 배우며 행복해하는 부모의 모습은 아이에게 그 무엇보다 훌륭한 롤모델이 된다. 부모가 아니라 나 자신으로서 하루하루 행복하게 생활하는 모습을 보여주자.

평생 재미있는 것을 찾아 새롭게 공부하는 부모를 보면서 아이는 닮아간다. 삶에 긍정적이고 행복한 부모만이 아이를 행복하게 만들 수 있다.

초반에 '오버'하면
끝까지 뛸 수 없다

나는 마라톤 중계방송을 좋아한다. 마라톤이라는 운동을 좋아해서가 아니라 내가 호기심을 갖는 포인트가 있어서다.

'처음에 1등으로 화면에 잡힌 사람이 끝까지 1등으로 들어올까?'

방송을 끝까지 지켜본 결과 처음에 1등인 사람이 끝까지 1등인 경우는 별로 없었다. 왜일까? 42.195km를 뛰어야 하는 기나긴 경기에서 앞으로 뛰어야 할 거리가 엄청 많이 남아 있는데 초반에 일찍 힘을 써버리면 끝까지 페이스를 유지하기 어렵기 때문이다. 마라톤 경기에서 금메달을 노리는 선수들이 처음부터 이를 악물고 100m 달리기 하듯 뛰지 않는 이유이기도 하다.

공부도 마찬가지다. 대입을 기준으로 봤을 때 초등학교 1학년부터 고등학교 3학년까지 총 12년에 걸쳐 해야 한다. 이 길고도 긴 마라톤에서 100m 달리기 선수처럼 혼자 이를 악물고 뛴다면 어떻게 될까? 중간에 숨이 차고 지쳐 주저앉고 말 것이다. 따라서 처음부터 맹렬히 달릴 게 아니라 페이스 조절을 하면서 달리는 게 중요하다.

하지만 부모들은 아이들이 기나긴 마라톤 경기를 하고 있다는 사실을 자꾸 잊어버리는 것 같다. 그러고 나서 빨리 달리라고 독촉하고, 결과가 좋지 않으면 실망하며, 아이를 실패자라고 단정 지어 버린다. 심지어 인생 100세 시대라는, 우리 세대보다 훨씬 더 긴 시간을 살아야 하는 아이들한테 말이다. 100년 중 12년이면 출발선에서 떠난 지 얼마 되지도 않은 때이다. 고작 12년으로 그 아이의 성공과 실패를 가늠하고 예단하는 것은 옳지 않다. 우리가 잊지 말아야 할 사실은 아이들은 인생이라는 긴 마라톤 경기 중이라는 점이다.

처음에 잘하면 계속 잘한다?
한 가지 경우의 수에만 목숨 걸지 말자!

그렇다면 왜 우리 부모들은 초반부터 맹렬히 달리는 레이스를 선호할까? 초반에 전력으로 질주해 맹렬하게 달렸을 때 아이들의 성적이 오르고 남들보다 앞서는 결과를 맛보았기 때문이다. 다른 아이보다 선행을 많이 시키고 문제를 많이 풀어본 아이들은 처음에는 당연히 앞설 수밖에 없다. 초등학교나 중학교 때 그런 결과를 겪었던 부모들은 대부분 그게 좋은 방법이라고 착각한다.

그러다 한계에 부딪혀 성적이 떨어지는 때가 바로 고등학교 시기이다. 나는 오랜 교직생활 중 20년 동안을 고등학교에서 담임교사 및 학년부장으로 진학지도를 해왔다. 많은 학부모들이 아이가 예전에 공부를 잘했는데 고등학교에 진학한 다음부터 점점 성적이 떨어진다고 하소연을 한다. 초반에 오버페이스를 했기 때문에 마라톤의 첫 번째 오르막 구간 같은 고등학교에 들어서면서 점점 지치게 되는 것인데 말이다.

아들이 초등학교 때 학부모 상담주간을 맞아 담임 선생님과 상담을 한 적이 있다. 상담하는 30분 내내 선생님은 그 반 반장을 칭찬했다. 대부분의 상담시간 동안 그 아이가 선행이 잘되어 공부도 1등이고 이해력이 좋다며 입이 마르도록 칭찬을 늘어놓았다. 반면, 우리 아이에 대해서는 계속 그 아이와 비교하며 좋게 얘기하지 않았다.

부모로서 내 아이에 대한 따뜻한 관심과 관찰을 기대했는데 계속 잘하는 아이에 비해 한참 떨어진다는 비교만 해서 내심 속상했다. 상담을 마치고 돌아 나오는데 나도 모르게 눈물이 났다. 선생님이 우리 아이를 저런 시각으로 보고 있으니 학교생활이 어땠을지 머릿속에 선하게 그려져 너무 슬펐다. 그동안 아이가 교실에 커튼을 달아 달라, 어항을 사 달라, 화분을 보내 달라고 했던 이유를 알 것 같았다. 제 딴에는 그렇게 해서라도 선생님의 칭찬을 받고 싶었으리라.

생각할수록 마음이 아파 흐르는 눈물을 닦고 있는데 방과 후 대부분의 시간을 놀이터에서 뛰어노는 아들이 멀리서 알아보고 달려와 안겼다.

"엄마, 선생님이 뭐래요?"

"음…… 선생님이 우리 아들이 너무 어른스럽대. 다른 사람을 배려하는 마음도 예쁘고 책임감도 강해서 참 든든하대. 그래서 엄마는 우리 아들이 언제 이렇게 훌쩍 컸나 대견해서 눈물이 나네."

내 말을 들은 아들의 눈이 휘둥그레졌다.

"진짜? 우리 선생님이 진짜 그러셨어? 그런데 나한테는 왜 한 번도 그런 칭찬을 안 해주셨지?"

"그거야 너무 칭찬해 주면 교만해질까 봐……. 마음속으로는 항상 그렇게 생각하셨대. 엄마는 오늘 너무 감격했어."

아이는 선생님이 자기를 그렇게 생각하는 줄 몰랐다며 엄청 좋아했다. 난 처음부터 선생님의 말씀을 아이에게 그대로 전할 생각이 없었다. 선생님과 상담하면서 좋지 않은 이야기를 들었다고 해서 아이를 다그치거나 혼내면 안 된다. 그러면 아이와 선생님과의 관계가 더욱 악화되어 학교를 다니기 싫어하게 된다.

나는 그날의 일을 남편에게도 말하지 않았다. 들으면 기분 나쁠 뿐만 아니라 실수로라도 아이에게 다그치는 말을 할까 걱정이 되었기 때문이다. 아들은 집공부를 기반으로 자신의 방식대로 착실하게 공부를 했고, 자신이 가고 싶어 했던 대학교에서 공부를 마치고 지금은 꿈꾸던 일을 직업으로 삼아 행복하게 잘 살아가고 있다. 우연히 알게 된 이야기지만, 선생님이 입에 침이 마르게 칭찬하던 반장 아이는 중학교 때 담배를 배우더니 부모의 통제권을 벗어나 공부에 흥미를 잃어버렸다고 했다.

교육현장에서 이런 일은 제법 흔하다. 어른들의 기대를 모았던 아이가 나중에 성적이 떨어지고, 전혀 기대하지 않았던 아이가 성적이 올라 소위 명문대에 진학하는 경우 말이다. 빨리 잘하는 아이들이 나중에 무조건 못한다는 뜻이 아니다. 처음부터 나중까지 계속 잘하는 아이도 있다. 내가 말하고자 하는 건 처음에 뒤처졌던 아이들이 뒤에 가서 잘 달릴 수 있고, 처음에 잘 달렸던 아이가 나중엔 지쳐서 못 달릴 수도 있다는 것이다. 처음부터 잘 달리면 계속 잘 달릴 거라는 한 가지 경우의 수에만 목숨을 걸어서는 안 된다는 뜻이다.

자신의 인생을 어떻게 설계해 나갈지는 아이 자신이 안다. 부모는 인생선배로서 아이를 안내하면서 잘 해낼 수 있도록 믿고 지지해 주는 역할을 하면 된다. 초반부터 '전력질주'를 외치며 맹렬하게 달리라고 채찍질하지 말자. 또 부모의 기대만큼 못한다고 실패자로 낙인찍어서도 안 된다. 아이의 인생 주도권을 아이가 가질 수 있도록 가르치고 믿어주고 지켜보자. 부모의 마음을 내려놓는 게 필요하다.

4차 산업혁명 시대의
인재를 만드는 해법, 집공부!

운동을 하러 가면 가장 많이 듣는 소리가 "힘 빼세요."라는 말이다. 수영을 배울 때 물에 가라앉지 않겠다고 어깨에 힘을 잔뜩 주면 오히려 더 가라앉는다. 야구에서 볼을 칠 때도 어깨에 힘을 잔뜩 주면 헛스윙을 하게 된다. 자녀교육도 마찬가지다. 긴장하고 힘을 줄수록 잘 안 된다. 엄마의 힘(욕심)을 빼고 편안하게 아이들을 대해 보자. 그러면 오히려 아이들과 좋은 관계를 유지하면서 엄마가 원하는 결과를 얻을 수 있다.

우리는 가끔 초보시절을 잊어버리고 느리게 가는 초보운전자를 향해 모질게 경적을 울려댄다. 마찬가지로 느려 터진 아이를 향해서도 걱정과 질책을 쏟아내기 일쑤이다. 공부하기 싫어하는 아이에게도, 시험을 망쳐 의기소침한 아이에게도 따뜻하게 위로하고 격려해 주자. "괜찮아, 그러면서 배우는 거야!", "엄마도 어렸을 땐 못하는 게 참 많았어."라고 말하며 늘 아이를 응원하고 지지한다는 메시지를 보내 주자. 처음에는 제 속도도 못 내고 차선 바꾸기도 못해 한길로만 쭉 가던 초보운전자도 길이 익숙해지면 드라이브를 즐기지 않던가! 다른 아이들과 엄마의 속도에 아이를 맞추지 말고 먼저 우리 아이만의 속도를 인정해 주자.

처음에는 다른 사람들보다 앞서 달리지 못했던 의외의 마라토너가 최종 우승을 하는 장면을 우리는 많이 보지 않았는가. 인생도 끝까지 뛰어봐야 그 사람을 평가할 수 있다. 스스로를 통제하고 자신이 목표한 것을 이루는 아이가 되도록 하려면 다른 아이들보다 뒤처져 보이더라도 스스로 자신의 방법을 찾아낼 수 있도록 믿고 기다려줘야 한다. 아무리 능력 있는 부모라도 이 세상 끝날 때까지 아이의 모든 것을 대신해 줄 수는 없기 때문이다. 이것이 내가 집 공부를 통해 생각하는 힘과 스스로 공부하는 자기주도력을 키워야 한다고 주장하는 이유이다.

온 세상이 4차산업혁명 시대라고 들썩인다. 그러면서도 우린 오직 대입만을 목표로 한 과거의 공부방법에서 벗어나지 못하고 있다. 이젠 단순히 주어진 문제를 잘 푸는 능력만으로는 부족하다. 문제를 발견할 줄 아는 능력, 처음부터 끝까지 주도적으로 계획하고 실행할 줄 아는 능력, 즉 역량이 필요한 시대가 되었다.

집공부는 단지 아이의 성적 향상뿐만 아니라 두뇌의 능력을 확대시키고 자신의 생활을 주도하는 힘을 키워준다. 이야말로 모든 부모가 바라는 것이다. 과거와 같이 성적만을 목표로 부모가 시켜서 하는 공부는 부모나 아이 모두가 원하는 인생을 만들어 갈 수 없다. 오히려 빨리 지치게 해 포기하게 만들 뿐이다. 집공부를 통해 생각의 힘을 키우고, 인생을 주도적으로 개척해 나가는 아이로 키워보자.

잘못 알고 있는 것과
궁금한 것들

나는 무엇을

오해하고 있을까?

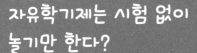

자유학기제는 시험 없이 놀기만 한다?

"자유학기제 때문에 시험을 안 보니 애들이 학교에 가서 놀기만 하고 오는 것 같아."

"시험을 안 보다 다음해에 갑자기 시험 보면 적응이 안 돼 애들이 혼란스럽대."

가끔 학부모들의 대화를 귀동냥으로 듣다 보면 마음이 조금 불편해진다. 자유학기제를 잘못 이해하고 혼란스러워하는 학부모들이 생각보다 많기 때문이다.

자유학기제는 2013년 전국 60여 개 중학교를 대상으로 3년간 시범 운영을 시작으로 실시된, 2015 개정교육과정 안에 들어 있는 중학교 교육과정 중 하나이다. 그리고 이 자유학기제의 큰 방향은 수업방법 개선과 자유학기 활동이다.

① 수업방법 개선

세계경제포럼이 매년 발표하는 국가 경쟁력 평가를 보면 우리나라의 국가 경쟁력은 세계 15위권 안에 든다고 한다(2018. 10. 17. SBS

뉴스). 정보통신 분야에서는 세계 최고 수준이다. 이제는 다른 나라의 발전을 따라잡기 위한 교육이 아니라 선두그룹의 주자로서 남들이 하지 않았던 일을 시도하고 변화를 이끌어야 하는 위치에 선 것이다. 교육이 변해야 하는 이유이다.

일본의 경우, 2020년 1월을 끝으로 우리나라 수능시험 형태의 '센터시험'을 폐지한다고 발표한 바 있다. 그리고 아시아에서 최초로 IB(International Baccalaureate) 교육과정을 공교육에 도입했다. IB 교육과정이란 1968년 스위스 제네바를 기반으로 설립된 '국제 바칼로레아(IB)'가 제공하는 국제공인 교육과정을 말하는데, 3세부터 19세까지의 학생들에게 창의력과 사고력을 키워주는 교육과정으로, 현재 우리나라도 여러 교육청에서 IB 교육과정에 관심을 갖고 준비 중이라고 한다.

자유학기제 역시 우리의 교육이 이처럼 학생의 재능과 적성을 발견하고 키우는 방향으로 변화해야 한다는 필요성에서 탄생했다. 자유학기제의 목적은 우리 아이들을 주입식 교육에서 벗어나 자신의 생각으로 문제를 해결해 보고, 다른 사람들과 관점의 차이를 인식하여 조율할 줄 아는 사람으로 성장시키려는 것이다. 교사가 일방적으로 가르치는 교사 중심의 수업에서 학생 중심의 참여형, 활동형 수업을 추구하고 있다.

토의, 토론, 실험, 실습, 거꾸로 수업, 하브루타, 비주얼 씽킹, 블록타임 체험탐구학습, 협력학습, 프로젝트학습 등 단순히 정답만을 찾아내는 게 아니라 창의력과 상상력을 키우는 방식으로 수업을 한다. 또한 교과 간, 교과 내 융합·연계형 수업을 통해 소통과 공감능력을 키울 수 있도록 하며, 학생의 흥미를 기초로 내적 동기를 유발하도록 학습한다. 이렇게 토론을 위한 자료를 조사하고 프로젝트 수업을 준비하는 과정에서 아이들은 많은 것을 찾고 배운다.

하지만 대부분의 부모들은 아이들이 토론수업을 하면서 중학교 1년을 객관적인 평가 없이 보내다가 2학년이 되면 영어, 수학 과목의 기초를 놓칠까 봐 걱정한다. 대개 영어, 수학 등 교과 이론 설명이 필요한 과목은 거꾸로 수업(학습할 내용을 선생님이 미리 영상 촬영해 밴드 등을 통해 아이들에게 제공하면, 아이들이 집에서 공부하고 와서 학교에서 문제풀이와 관련 활동을 하는 방법. 플립러닝 혹은 역진행 수업이라고도 함) 등으로 진행한다. 집에서 충분히 영상을 보고 공부한 후, 학교에서는 조별 활동을 통해 이해가 잘 안 가거나 자기만의 다른 풀이 방법 등에 대해 서로 나누는 식이다.

과거의 수업방식으로는 아이들이 잘 따라오는지 일일이 선생님이 확인하기가 어렵다. 하지만 이처럼 조별 학습을 통해 멘토-멘티 활동을 하다 보면 선생님이 조 사이를 돌며 아이들의 이해도를 직접 점검할 수 있다.

자유학기제에서는 1차 지필(중간)고사, 2차 지필(기말)고사처럼 일제히 치르는 방식의 지필평가를 안 할 뿐, 평가가 없는 것이 아니다. 오히려 서술, 구술, 듣기평가, 지속적인 관찰평가(상호평가), 자기성찰평가, 프로젝트형 평가(보고서), 포트폴리오 평가, 형성평가,

수행평가 등 수업방법의 다양성만큼 평가방법도 다양하다. 영어와 수학 같은 경우는 수시로 예전의 쪽지시험 형태의 형성평가를 하기도 한다. 아이들 입장에서는 자유학기제로 인해 수업시간마다 뭔가 발표하고 조사하고 탐구하는 일이 더 힘들다는 하소연을 할 정도이다. 때문에 교육청에서는 평가가 부담스럽다는 민원이 생기지 않도록 교과를 연계해 평가횟수를 줄이라는 주문을 할 만큼 수시로 평가가 이루어진다.

결론적으로 자유학기제가 아이들 공부를 시키지 않는다는 말은 학부모들의 오해라고 할 수 있다. 정답을 찾는 게 아니라 정답이 없는 문제들을 다룸으로써 생각할 수 있는 힘을 키워주는 수업으로 변화한 것이다. 대전, 제주 등 몇몇 지자체가 이미 초등학교에서 아예 일제고사를 없앤 것처럼 일제식 지필고사를 보지 않을 뿐 평가는 다양하게 이루어진다.

② 자유학기 활동

자유학기 활동은 네 가지 영역으로 이루어진다. 이 네 가지의 활동 내용을 보면 충분히 어떤 수업인지 이해할 수 있을 것이다. 이 중 '주제 선택 활동'의 경우, 1학년을 맡은 교과(자유학기제는 대부분 1학년에서 시행함) 선생님들이 다 같이 모여 논의한 후 자기 수업시간 중 1시간을 주제 선택 활동으로 공부할 과목을 정한다.

선생님들의 협의 하에 이루어지므로 주제 선택 활동으로 내놓는 과목은 학교마다 다르며, 같은 학교라도 다음 해에 새로운 선생님

주제 선택 활동	예술 체육 활동
• 교과와 관련된 심화 활동, 교과 체험활동 • 교과 연계활동 : 프로젝트, 토의 · 토론, 역할극 • 범교과 연계활동 : 안전, 건강, 인성, 진로, 민주시민, 인권, 통일 등	• 음 · 미 · 체 교과의 예술 체육 경험 활동 • 인성 감성역량 함양을 통한 전인적 성장 • 연극, 뮤지컬, 작사 작곡, 디자인, 스포츠 리그

자 유
학 기

동아리 활동	진로 탐색 활동
• 학생들의 공통된 관심사를 기반으로 자율적으로 운영되어 학생 자치 활성화 및 특기적성 개발 • 독서토론, 방송댄스, 천체 관측, 메이커 교육, 동아리 한마당 등 활동 결과 발표 및 공유	• 자아 탐색을 통해 미래를 스스로 설계하는 체계적인 진로교육 • 진로검사, 현장 체험활동, 직업탐방, 진로 포트폴리오 제작, 모의 창업

들끼리 다시 정하는 방식이라 해마다 과목이 달라질 수 있다. 예를 들어, 영어 선생님과 중국어, 국어 선생님들이 각각 주제 선택 활동으로 1시간씩 내놓았다고 하면, 영어를 좋아하는 아이들은 영어 관련 주제 선택 활동(예 : 영작 신문반, 영어 연극반 등)을 하게 되고, 중국어를 좋아하는 친구들은 중국어 관련 주제 선택 활동(예 : 중국문화 체험반, 중국 요리반 등)을 하게 된다. 아이들은 자신이 관심 있는 과목에

대한 공부라 대부분 적극적으로 임하기 때문에 선생님들도 주제 선택 활동을 좋아하는 편이다. 또 형평성이나 학교의 행정상 모든 아이들에게 주어진 주제 선택 수업을 다 듣게 하는 방법도 있다.

자유학기제는 학교 사정에 따라 자유학기 활동을 자유롭게 주당 10시간 이상 하도록 되어 있는데, 자유학기 활동으로 인해 교과시수가 줄어들면 배우는 내용이 줄어들까 걱정하는 학부모들도 많다.

그러나 많은 선진국들의 교육방침도 깊이 있는 학습을 통해 '양'보다 '질'을 중시하고 있다. 단순 암기나 단순 지식 배우기를 줄이는 대신 탐구할 수 있는 주제를 선정해 토론이나 프로젝트 수업을 하면서 그 주변 지식도 스스로 알아낼 수 있도록 만드는 것이다. 아이들은 "하나를 가르치면 열을 안다."는 말이 전혀 낯설지 않을 만큼 선생님이 가르쳐준 것에만 그치는 게 아니라 탐구활동을 통해 자기가 더 알고 싶은 것까지 연계해 공부한다. 이 같은 자유학기제를 연장해 '연계 자유학년제'를 실행하는 이유는 교사 중심의 주입식 수업에서 학생 중심의 참여형, 활동형 수업으로의 수업방법 개선이 전 학년으로 확대되는 게 바람직하기 때문이다.

미래사회가 원하는 인재는 단순히 학력이 좋은 사람이 아니라 진짜 역량을 갖춘 사람이다. 역량은 지필고사만으로 평가가 불가능하다. 따라서 지필평가보다 수행평가를 확대함으로써 과정 중심의 평가로 전환하고 있으며, 대학에서는 학생부 종합전형 등을 통해 아이들이 가진 역량이 자기 대학 지원학과에 적합한지에 대해 판단하고 있다. 대학에서 수능 위주의 전형보다 학생부 종합전형을 선호하는 이유이다. 따라서 아이의 미래를 위해 교육방법의 변화에 깔린 이 같은 의도를 정확히 파악해야 한다.

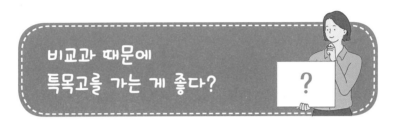

비교과 때문에
특목고를 가는 게 좋다?

특목고를 보내고 싶어 하는 학부모들의 마음은 두 가지로 볼수 있다. 비슷한 아이들끼리 모여 시너지 효과를 볼 수 있다는 점과 인맥이 중요한 우리나라에서는 특목고 진학이 졸업 후에도 유리하다는 생각 때문인 것 같다. 게다가 특목고는 대입에 있어 학생부 종합전형의 비중이 점점 높아지고 있는 요즘 비교과에 따로 신경 안 써도 학교에서 알아서 잘해 준다고 생각하는 부모들도 많다.

비교과란 학교 내신을 제외한 모든 학교활동을 비교과 활동이라고 한다. 쉽게 말하자면 시험 봐서 나오는 성적 빼고 나머지가 다 비교과 활동인 것이다. 아이들이 체육대회를 준비한 것, 수학여행 가서 장기자랑에 출연한 것, 학급회의에서의 발표, 축제행사에 참여한 일 등등을 말한다. 심지어 매일 이루어지는 청소시간의 활동도 비교과에 해당하는데, 그중에 자신의 적성이나 흥미를 가장 잘 드러낼 수 있는 게 바로 동아리 활동이다.

특목고는 일반고에 비해 비교과 활동의 질이나 다양성 면에서 분명 우위에 있다. 특정 과목 우수자를 뽑았으니 방과 후 프로그램이 다양할 뿐만 아니라 수준도 높고 동아리 활동도 활발하다. 하지만 2018년 8월 17일 발표된 교육부의 '학생부 개선방안'을 찬찬히 들여다보면 방과 후 프로그램이나 동아리 활동 기재에 제한을 두고 있다. 때문에 혹자는 학생부 개선방안은 '특목고 죽이기'라고 말하기도 하지만, 이는 결국 앞으로 특목고에 대한 선택은 비교과 활동 때문이 아니라 특별히 그 교과에 대한 선호나 특기가 기준이 되어야 한다는 얘기와도 같다.

특목고에서 많이 하는 비교과 활동 중 하나는 선배와 후배들의 멘토-멘티 활동이다. 이를테면, 국어 교과를 잘하는 선배가 후배들을 모아놓고 자신의 공부법 등을 전수해 주는 것이다. 나는 우리 학교 아이들에게 이 방법을 접목시켜 보았다. 학생들이 학생부 비교과 항목에 인성이 좋은 사람이라는 것을 채워 넣기 위해 봉사활동을 많이 다닌다는 점에 착안해 과목별로 성적이 우수한 아이들을 뽑아 설득했다.

"내가 가진 뭔가를 남에게 대가 없이 나눠주는 게 봉사활동이라면 너희들이 가장 잘할 수 있는 봉사는 너희가 알고 있는 지식을 나눠주는 것이 아닐까?"

아이들의 동의를 얻어 급우간 멘토-멘티 봉사활동을 학교에서 관리해 주고 봉사시간으로 잡아주었다. 결과는 대만족이었다. 가르치는 입장의 학생은 친구에게 설명하면서 아는 것이 더 강화되었고, 배우는 입장의 학생은 쉽게 이해할 수 있도록 잘 설명해 준 친구 덕에 성적이 올랐으니 말이다. 이는 입시에서 엄청나게 좋은 성적을 거둘 수 있게 했는데, 앞에서도 언급했듯 학교에 프로그램이 없어도 같은 반 아이들끼리 함께 '선생님 놀이'인 멘토-멘티 활동을 함으로써 성적도 좋아진데다 학생부에 비교과 활동으로도 충분히 기록이 가능했기 때문이다.

입학사정관들은 선생님들이 발령지를 따라 이동하면서 비교과 프로그램 노하우를 전파한 덕분에 이제 비교과는 평준화되었다고 말한다. 그렇다면 결국 입시에 가장 중요한 건 뭘까? 바로 내신이다. 만약, 아이를 특목고에 보내야 할지 일반고에 보내야 할지 고민하는 부모가 있다면, 그 특목고에 가서 '내신의 불리함'을 극복할 수 있을 정도로 아이가 얻게 되는 특별한 뭔가가 있는지에 대해 생각해 봐야 한다. 특목고 못지않게 좋은 입시성적을 거두는 일반고 학교들도 많다. 따라서 특목고 선택의 기준은 비교과 때문이 아니라 아이가 경쟁을 즐기고 특정 과목의 특기를 살려 자신의 진로를 만들어 갈 수 있는가에 의해 정해져야 한다.

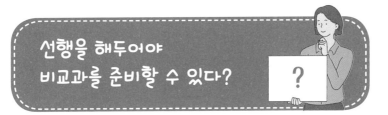

선행을 해두어야
비교과를 준비할 수 있다?

부모들에게 이야기를 들어보면 생각보다 많은 이들이 비교과에 대해 오해하고 있음을 알 수 있다. "선행을 많이 해야 고등학교에 가서 비교과 활동이 가능하다."는 말이 부모들 사이에서 정설처럼 퍼져 있다. 학교 교육과정 안에 있는 활동시간만 열심히 해도 되는데 왜 비교과 관리를 위해 선행을 미리 해두어야 한다는 건지, 학교에서 오랜 동안 입시를 지도해 왔던 나로서는 도저히 이해가 되지 않는다. 내 생각에는 사설 학원들에서 선행을 미리 해두지 않으면 비교과를 준비할 시간이 없다는 불안감을 조성하는 게 아닌가 싶다.

일부 사립대학에는 특기자 전형이 있다. 특기자 전형 자체가 외국어, 수학, 과학 소프트웨어 개발 특기자를 뽑는 전형이다 보니 아무래도 일반고보다는 과학고나 외고 같은 특목고 아이들이 많이 지원할 수밖에 없다. 학생부 종합전형에서는 제출이 금지된 토익(TOEIC), 토플(TOEFL), 텝스(TEPS), 중국어와 일본어 등의 인증점수 등을 제출할 수 있고, 또 탐구능력을 인정받기 위해 관심 있게 연구한 분야의 소논문을 제출하는 등 자기가 특기자임을 증명해 낼 수 있는 포트폴리오가 필요한 경우도 있다.

하지만 특기자 전형으로 뽑는 대학은 서울에 있는 일부 사립대뿐이다. 서울대학교를 비롯한 대부분의 대학에는 특기자 전형이 없다. 이 전형으로 인해 사교육 시장에서 고액 과외가 형성되는 경향이 있어 교육부에서는 점차 특기자 선발을 줄일 것을 대학에 권고하고 있다. 그리고 교육부의 권고에 따라 실제로 특기자 전형이 줄어들고 있는 추세이다.

반면, 대부분의 수도권 대학에서는 가장 많은 인원을 학생부 종합전형으로 선발한다. 그리고 비교과 활동은 학생부 종합전형에 제출해야 하는 학생부와 자기소개서를 작성하는 데 아주 중요한 요소가 된다. 때문에 학교에서는 생각보다 많은 비교과 활동이 이루어지고 있는데 자율활동, 동아리활동, 봉사활동, 진로활동을 하나로 묶어서 창의적 체험활동(창체라고 칭함)이라고 한다. 바로 이 창체활동을 적극적이고 성실하게 임했을 때 비교과에 쓸거리가 풍성해지는 것이다.

하지만 학교마다 다양한 프로그램이 있음에도 숫자로 성적이 매겨지는 게 아니어서 그런지 적극적으로 참여하지 않는 아이들도 많다. 담임 선생님은 그런 아이들의 비교과 영역엔 어쩔 수 없이 시행날짜와 간략한 활동내용만을 넣어줄 수밖에 없다. 반대로 선생님은 같은 활동을 하더라도 적극적으로 참여하면서 남다른 호기심을 갖고 그 이상의 것을 알아내려고 노력하는 아이의 학생부에는 그 노력의 과정을 자세히 기록해 준다. 그런 아이는 당연히 학생부의 양이 많아질 수밖에 없다.

실제 사례로, '진로의 날'을 맞아 명사 초대 특강을 학교 강당에서 열었던 적이 있다. 다른 아이들이 자기의 관심 분야가 아니라며 떠들고 있을 때, 한 아이는 집중해서 잘 듣고 강사에게 질문도 하고 이메일로 감사의 편지도 보냈다. 감동을 받은 그 강사는 친필사인이 된 책 선물을 학교로 보내주었다. 선생님은 강사에 대한 예의를 지켰을 뿐 아니라 새로운 영역에서 활동하는 사람의 이야기를 들으며 자신이 관심을 갖고 있는 분야와의 연계성을 발견해 내는 모습에서 인성과 지적 호기심을 좋게 평가해 학생부에 적어 넣었다.

또 전공 적합성을 어필하기 위해 관련 동아리 활동에만 주력하는 아이들이 많다. 하지만 교과 수행평가만큼 전공 적합성을 어필하기 좋은 것도 없다. 남다른 아이디어와 노력으로 수행평가에서 좋은 점수를 받은 아이는 교과 세부능력 특기사항에서 성실성과 지적 호기심에 대해 좋은 평가를 받을 수 있다. 또 소논문은 아니지만 학교 수행평가를 통한 탐구보고서 정도는 충분히 고교 과정에서 가능하기 때문에 지적 호기심이 많다는 점을 어필할 수도 있다. 이렇게 소소해 보이는 모든 학교생활이 다 스펙이고 비교과 활동이 된다.

대학에서도 고교 교과 안에서 할 수 있는 정도를 판단 기준으로 삼고 있으므로, 내신을 대비하기 위한 노력이나 자신이 공부하려는 전공과 관련된 지적 호기심을 어떻게 충족했는지를 학생부로 설명하면 된다. 이를테면, 급식 도우미 활동을 하면서 느낀 생각, 축제 준비를 하면서 이견차를 극복하고 성공적으로 이끈 사례 등 학교생활만 잘해도 쓸 내용은 많다.

비교과는 똑같이 행해진 학교 프로그램 안에서 남다른 열정과 지적 호기심으로 새로운 배움을 얻어낼 수 있어야 한다. 결국 학교생활에 적극적으로 참여하기만 해도 충분하다.

등급을 올리는
비결이 있을까?

?

고등학교 2학년 겨울방학을 앞두고 한 아이가 자신의 성적표를 갖고 상담을 신청해 왔다.

"저는 영어는 3등급이니까 열심히 해서 2등급으로 올리고요. 국어는 2등급이니까 1등급으로 올리도록 방학 때 열심히 공부할게요. 수학은 7등급이니까 포기하고요. 사회탐구는……."

나는 그 아이의 '수학은 7등급이니까 버린다.'는 말에 울컥했다. 자, 한번 생각해 보자.

등급	누적비율
1	~4%
2	~11%
3	~23%
4	~40%
5	~60%
6	~77%
7	~89%
8	~96%
9	100%

7등급과 3등급의 온도차

한국 교육과정평가원에서 모의고사 성적표를 받은 아이들을 대상으로 조사해 본 결과 학교, 학원, 과외를 제외하고 순수하게 자기주도적인 학습을 한 시간이 다음과 같았다.

- ⊙ 1등급 : 2시간 57분
- ⊙ 2등급 : 1시간 48분
- ⊙ 3등급 : 52분
- ⊙ 4등급 : 30분 이내
- ⊙ 5등급 이하 : 시험 때만 공부

이 결과를 보고 아이들이 자율적으로 공부할 시간(자기주도학습 시간)이 3시간은 되어야 한다고 생각하게 된 나는 그 학생에게 7등급 받은 아이들이나 5등급 받은 아이들이나 공부시간이 별 차이가 없다는 점을 강조했다. 그리고 7등급이라고 포기할 게 아니라 여기서 조금만 더하면 쉽게 5등급 이상을 받을 수 있다고 잘 설명해 주었다. 물론, 거기에서 조금만 더 열심히 하면 3등급까지도 가능하다는 말도 해주었다.

생각해 보자. 3등급에서 2등급으로는 참 올라가기 어려운 구간이다. 전국에서 10% 안에 드는 아이들은 기본적으로 공부를 게을리 하지 않기 때문이다. 그런데 5등급 아이들은 성적 우수자들보다는 공부시간이 적다. 때문에 마음을 굳게 먹고 노력하면 얼마든지 성적을 올릴 수 있다.

이처럼 성적을 비교적 쉽게 올릴 수 있는 구간이 있고 힘든 구간이 있다. 단순히 숫자의 논리로 2등급인 아이한테 조금만 더하면 1등급인데 왜 그걸 못하냐고 야단치면 안 된다. 2등급인 아이들은 1등급이 되기 위해 누구보다 치열하게 공부하고 있다는 점을 이해하고 격려해 주어야 한다. 1등급인 아이들은 공부가 '특기'라고 봐도 무방하다.

위의 조사 결과에 따르면 학교 수업, 학원, 인강, 과외 등을 다 제외하고 순수하게 자기 혼자 공부하는 시간을 3시간 이상 확보한 아이들이어야 1등급을 받을 수 있다. 학원에서 선생님이 문제 푸는 모습을 보고 있으면 자신도 풀 수 있다고 착각하기 쉽지만 절대 그렇지 않다. 반드시 직접 문제를 풀면서 공부하는 시간이 필요하다. 춤을 잘 추는 사람들을 바라만 본다고 해서 춤을 잘 출 수 없다는 것과 똑같은 원리다. 궁금하다면 TV를 끄고 음악에 맞춰 혼자 춰보면 안다.

공부도 마찬가지다. 조사 결과가 전적으로 맞는다고는 할 수 없지만, 아이가 공부를 잘해 성적이 올라가기를 바란다면 맹목적으로 학원이나 과외에 올인할 게 아니라 아이 스스로 집중해서 공부할 수 있는 시간을 3시간 이상 확보하게 해주어야 한다.

지필고사만 잘 보면 성적이 오를 수 있을까?

지필고사 100점을 맞는 건 쉬운 일이 아니다. 그런데 그렇게 어려운 지필고사를 100점 맞고도 수행평가를 엉망으로 해내는 아이들이 가끔 있어 너무 안타깝다.

예를 들어, 과학 과목에서 '지필 60%, 수행평가 40%'로 점수를 매긴다고 가정하자. 일단 수행평가 비중이 60%가 안 되는 과목은 지필고사를 2회(수행평가 60% 이상은 지필 1회만 평가) 치르게 된다.

옆 표에서 지필평가 100점으로 보면 A는 1차와 2차를 합해 197점, B는 182점으로 A의 시험점수가 훨씬 높다. 하지만 이 성적을 60%로 환산하면 59.1과 54.6으로 점수 차가 줄어든다. 여기에 수행평가(수행평가는 어떤 경우에 어떤 점수를 받게 된다는 약속을 미리 해놓고 하는 평가이다) 40%를 더해야 하는데, 세 가지의 수행과제를 합해 A가 34점을 받고 B가 40점을 받았다면 순위가 달라질 수도 있다.

물론, 실제로 학교에서 A처럼 성적이 좋은 아이가 수행평가 점수가 더 낮게 나온다는 말은 절대 아니다. 다만, 수행평가를 무시하고 성실하게 수업에 임하지 않으면 지필고사를 잘 보고도 성적이 역전될 수 있다는 극단적인 예를 보여준 것뿐이다.

학교성적은 학교 수업에 충실한 아이들에게 유리할 수밖에 없다. 어려운 지식을 요하거나 특별한 재능을 요구하지 않는다. 수행

A 학생				B 학생			
지필고사 (60%)	지필고사 성적 (100점 만점)		환산점 (30점 만점)	지필고사 성적 (100점 만점)		환산점 (30점 만점)	
	1차 지필 (30%)	100점	30점	1차 지필 (30%)	90점	27점	
	2차 지필 (30%)	97점	29.1점	2차 지필 (30%)	92점	27.6점	
수행평가 (40%)	수행평가 성적 (40점 만점)		수행점수	수행평가 성적 (40점 만점)		수행점수	
	1차 과제 (10%)	10점 만점	8점	1차 과제 (10%)	10점 만점	10점	
	2차 과제 (10%)	10점 만점	8점	2차 과제 (10%)	10점 만점	10점	
	3차 과제 (20%)	20점 만점	18점	3차 과제 (20%)	20점 만점	20점	
최종점수			93.1점			94.6점	

평가는 대충 해놓고 시험 잘 보기 위해 학원 보충수업을 열심히 들으면 내신이 좋을 수 있을까? 그렇지 않다. 매 수업시간마다 이루어지는 수행평가를 잘 해낼 수 있는 성실성을 키워주는 게 훨씬 더 효과적이다. 수행평가란 수업시간에 성실하게 잘 참여하면 만점을 받을 수 있는 '성실성' 평가이기 때문이다.

게다가 2019년부터는 학생부 기재가 개선된다. 조목조목 내용을 살펴보면 학교생활을 성실히 하는 것 외에 특별히 더할 게 없다. 외부활동은 아무리 열심히 해도 기록을 못하게 되어 있다.

반면, 학교생활기록부가 중요해진 만큼 학부모들의 불안감과 불

학교생활기록부 기재 개선 비교표

순	항목	현행	개선안 (2019년부터 시행)
1	인적사항	학생정보, 가족사항, 특기사항	• 학적사항과 통합 • 부모 정보(부모 성명, 생년월일) 및 특기사항(가족변동사항) 삭제
2	학적사항	졸업연월일, 학교명, 검정고시 합격정보	· 인적사항과 통합
3	출결상황	• 질병, 무단, 기타	• 질병, 미인정, 기타 ※ 무단→미인정
4	수상경력	수상명, 등급(위) 수상연월일, 수여기관명, 참가자상(참가인원) 입력	• 초등 : 항목 삭제 • 중고등 : 수상경력 모두 기재 상급학교 진학 시 제공하는 수상경력 개수 제한(학기당 1개)
5	자격증 및 인증 취득 상황	대입자료로 제공	대입자료로 미제공
6	진로 희망 사항	진로 희망, 희망 사유 입력	• 항목삭제 • 학생의 진로 희망은 창체진로활동 특기사항에 기재(초등은 선택적 기재, 대입 미제공)
	봉사활동	실적 및 특기사항 미기재	봉사활동 특기사항 미기재(실적만 기재)
7	동아리 활동	(자율동아리) 자율동아리명, 활동내용을 특기사항에 기재	자율동아리 활동 기재는 학년 당 1개로 제한하고 동아리명, 동아리에 대한 간략한 설명을 30자 이내로 기재
		(소논문) 동아리, 교과세특란에 (논문명, 참여 시간, 참여 인원) 기재	소논문명 미기재(정규 교육과정으로 편성된 경우에 한해 수업 참여도 등 기재)
		(청소년 단체)교육과정에 편성된 청소년 단체, 학교 교육계획에 포함된 청소년 단체, 학교 밖 청소년 단체 활동 모두 기재(단체명, 활동내용)	•(교육과정에 편성된 청소년 단체)단체명, 활동내용 모두 기재 •(학교 교육계획에 따른 청소년 단체) 단체명만 기재 •(학교 밖 청소년 단체) 미기재

7		(학교 스포츠클럽 활동)구체적 활동 내용 기재 : 포지션, 대회 출전 경력, 역할, 특성 등	• 학교 스포츠클럽 활동 기재 간소화 ※ 정규 교육과정 내 : 개인 특성 중심 ※ 정규 교육과정 외 : 클럽명(시간)
	진로활동	진로 관련 활동 내용 및 상담 내용 등 기재	진로활동 특기사항에 진로 희망 분야 기재 추가(대입자료로 미제공)
	기재분량	특기사항 기재분량 : 3,000자	• 특기사항 기재분량 축소 : 1,700자 −자율활동 : 1000 →500자 −동아리 : 500 →500자 −봉사활동 : 미기재 −진로활동 : 1000 →700자
	누가기록	나이스(NEIS) 활용 전산 기재, 관리원칙	누가 기록 기재, 관리방법 시도 위임
8	교과학습 발달상황 −세부능력 및 특기사항	(방과 후 학교)방과 후 활동(수강) 내용 기재	방과 후 활동 내용 미기재
		(교과세특)특기할 만한 사항이 있는 과목 및 학생에 한해 기재	현행 유지
9	자유학기활 동상황(중)	특기사항 입력	현행 유지
10	독서활동상 황(중·고)	제목과 저자만 입력	현행 유지
11	행동특성 및 종합의견	• 기재 분량 1,000자 • 누가 기록 나이스에서 관리	• 기재 분량 축소 500자 • 누가 기록 기재. 관리방법 시도 위임

만도 그만큼 크기 때문에 기재 격차를 줄이기 위해 학교생활기록부 관련 연수를 강화하고 있다. 초등·중등 학생부 기재역량 제고를 위한 원격 연수('19. 4월 원격 연수 콘텐츠 보급 : 연중 실시)를 실시하고 있으며, 단위 학교별로 연수를 계획해 시행하고 있다.

또 학교생활기록부를 엄격하게 관리하기 위한 방법도 시행하고 있다. 단위 학교에서는 학생부 점검 전담반을 구성해 교차 점검 등 자체 점검을 위해 학교장이 학생부 자체 점검 계획을 수립하고 학사일정에 반영해 운영하고 있다. 또 교육부에서는 매년 소속 학교에 대한 학생부 기재 및 관리 실태 점검 계획을 수립해 위반 사례 적발 학교 및 학생부 관련 민원이 빈번한 학교 등을 대상으로 집중 컨설팅을 지원한다. 교육청에서는 학생부 기재와 관리 관련 책무 강화 및 점검 계획 수립 의무화를 위해 법령을 개정하고 철저한 학생부 자체 점검 및 현장 점검을 하고 있다.

학생으로부터 내용을 받아 기재하거나, 교사에게 사교육 기관 컨설팅 자료를 주고 학교생활기록부의 부당한 기재 및 수정을 요구하는 것 또는 허위 사실 기재는 징계대상 위법행위이므로 교사에게 압박을 가해서는 안 된다. 다만, 혹시라도 누락이나 오기가 생기는 경우는 학교 성적 관리위원회를 통해 수정이 가능하다.

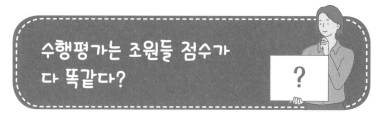

수행평가는 조원들 점수가 다 똑같다?

교육의 패러다임이 변하고 있다. 선생님이 가르치는 수업에서 학생들이 잘 배워내는 수업으로 말이다. 수업의 주인공이 선생님에서 학생으로 바뀐 것이다. 선생님은 배움의 조력자로 학생들이 잘 배워낼 수 있도록 자극하고 생각을 물어봐 주는 역할을 담당하게 되었다.

과거에는 많은 지식을 아는 사람을 인재라고 했다. 하지만 이제 지식은 더 이상 재능이 아니라 공유의 대상일 뿐이다. '알고 있는 지식을 이용해 어떤 일을 해낼 수 있는가?'라는 역량을 강조하는 세상이 되었다. 이러한 역량은 지필고사로 측정할 수 없으며, 다양한 상황 속에서 아이들의 활동을 관찰해야만 측정할 수 있다. 이것이 수행평가가 도입된 이유이다.

수행평가의 비중은 학교에서 자율적으로 정할 수 있게 되어 있다. 2015 개정교육과정에서는 과정 중심 평가를 강조한다. 다시 말해 그냥 평가만 하는 게 아니라 피드백을 해주고 다시 변화, 발전된 내용을 평가하라는 뜻이다.

또 수행평가 비중이 60% 이상이면 지필고사를 1회만 봐도 된다. 정답이 없는 문제를 자꾸 생각해 보기 위해 토의, 토론수업을 했다면 지필고사로 평가하기가 쉽지 않다. 그래서 수행평가를 통해 아이들의 역량을 측정하게 된 것이다.

수행평가는 프로젝트 수업과 달리 그 시간 안에 수행해 낼 수 있는 과제로 진행된다. 타인의 도움을 받아서는 해낼 수 없으므로 아이의 능력을 온전히 알아볼 수 있다. 따라서 집에서는 아이에게 과제를 직접 해결할 수 있도록 지도하는 게 좋으며, 더 나아가 문제를 발견해 낼 수 있는 아이로 키워야 한다.

학부모들은 대개 우리 아이는 수행평가 만점을 받을 수 있는데, 조별로 묶여 다른 아이 때문에 점수가 같이 깎일까 봐 염려한다.

하지만 같은 조라고 무조건 같은 점수를 주지는 않는다. 상호평가, 개별평가 등을 통해 같은 조라도 점수는 다르게 나올 수 있다.

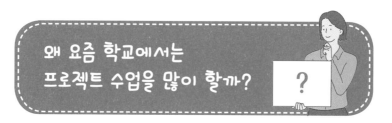

왜 요즘 학교에서는
프로젝트 수업을 많이 할까?

우리나라 교육의 최근 화두는 인성교육이다. 인성이 좋은 사람은 타인들과 의사소통을 잘하고 협업을 하는 데 탁월한 능력을 발휘한다. 대학에서도 인성을 갖춘 인재양성을 중요하게 생각한다. 그리고 학교수업도 여기에 맞춰 변하고 있다. 주입식 교육을 하면 아이들의 인성이나 문제 해결력, 창의력 등이 하나도 안 보이지만, 실습이나 프로젝트 수업을 하다 보면 이런 요소들이 드러난다.

학교에서 '아파트의 층간 소음'에 관한 주제로 발표수업을 진행한 적이 있다. '층간 소음을 줄이는 방안', '층간 소음이 생활에 미치는 영향' 등 아이들이 주제를 정하고 조사방법도 스스로 생각해 내는 수업이었다.

"주택의 층간 소음에 대한 정의부터 알아야 하지 않을까? 정의를 조사할 사람?", "우리, 아파트 주민들에게 인터뷰 나가 볼래?" 등등 의견을 자유롭게 나누고, 해야 할 일들을 계획하고, 논리적으로 정리해 가는 모습에서 아이들의 역량을 발견할 수 있었다. 조장의 역할을 훌륭하게 수행하며 멋진 리더십을 보여주는 아이, 팀원으로서 훌륭한 협력정신을 보여주는 아이도 있었다.

이처럼 프로젝트 수업을 하다 보면 예전 주입식 교육에서는 드러나지 않았던 리더십, 인성, 창의성, 문제 해결력 등을 볼 수 있다. 현대 사회에서는 지식을 아는 정도에서 그치지 않고 문제를 발견하고 해결해 낼 수 있어야 하므로, 이런 프로젝트 수업을 통해 아이들의 문제 해결 능력과 창의력 등을 강화시키는 교육이 진행되고 있는 것이다.

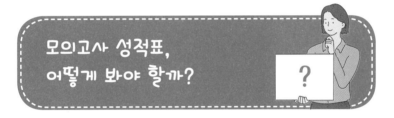

고등학교에 들어가면 3월에 전국연합 모의고사를 보게 된다. 대부분의 부모님들은 성적표가 나오면 반 석차, 전교 석차에 자꾸 마음이 뺏겨 다른 것을 보지 않는다. 하지만 성적표에는 내 아이의 실력에 대한 중요한 정보가 들어 있다. 꼼꼼하게 살펴보고 어떻게 공부하면 좋을지 공부전략을 세우는 데 활용할 줄 알아야 한다.

사진 1을 보면 국어는 89.5%로 2등급이다. 쉽게 말해 우리 아이는 상위 10.5% 안에 든다는 말이다. 수학은 98.6% 1등급으로 상위 1.4% 안에 드는 아주 우수한 성적이다. 또 사진 2를 살펴보면 수능

영역		원점수		표준점수		표준점수에 의한 석차/백분위/등급			
		배점	득점	범위	득점	학급석차	학교석차	전국백분위	등급
국어		100	80	0~200	126	1/29	14/342	89.5	2
수학	나형	100	92	0~200	139	1/29	1/208	98.6	1
영어		100	86					원점수에 의한 등급(2)	
한국사		50	40					원점수에 의한 등급(1)	
사회탐구	생활과윤리	50	44	0 ~ 100	64	1/24	1/153	93.07	2
	세계지리	50	47	0 ~ 100	65	1/20	1/34	91.91	2

사진 1

보충학습이 필요한 문항번호		오류코드 (뒷면참조)
국어	11,22,26,39,21	-
수학	29,30	-
영어	32,28,39,42,34	-
한국사	16,2,10,19	-
생활과윤리	3,14	-
세계지리	6	-
-	-	-

기타 참고 자료		
산출방법 / 영역	백분위	응시자수
국+수	96.92	264145
국+사	93.13	231219
국+수+사	96.20	227806
사회탐구(2)과목	92.66	232359

사진 2

영역 / 문항		1	2	3	4	5	6	7	8	9	10	11	12	13	14	15	16	17	18	19	20	21	22
국어	답안	5	3	5	2	3	2	3	3	5	3	1	3	4	5	4	5	3	4	5	2	4	5
	정답	5	3	5	2	3	2	3	3	5	3	4	3	4	5	4	5	3	4	5	2	2	4
	채점결과	O	O	O	O	O	O	O	O	O	O	X	O	O	O	O	O	O	O	O	O	X	X
	정답률	A	B	B	A	B	B	A	A	C	B	C	D	B	D	C	B	B	B	C	C	D	C
수학	답안	4	3	1	3	5	2	2	3	5	5	4	5	4	5	4	4	2	1	1	3	2	22
	정답	4	3	1	3	5	2	2	3	5	5	4	5	4	5	4	4	2	1	1	3	2	
	채점결과	O	O	O	O	O	O	O	O	O	O	O	O	O	O	O	O	O	O	O	O	O	
(나형)	정답률	B	A	B	B	B	B	C	B	C	C	B	D	B	C	C	C	C	D	D	D	D	
영어	답안	5	1	2	1	5	5	4	5	3	3	5	4	4	5	3	2	3	2	1	2	2	3
	정답	5	1	2	1	5	5	4	5	3	3	5	4	4	5	3	2	3	2	1	2	2	3
	채점결과	O	O	O	O	O	O	O	O	O	O	O	O	O	O	O	O	O	O	O	O	O	O
	정답률	A	A	A	A	A	A	A	B	A	A	B	A	B	B	B	C	A	B	B	B	[illegible]	C
한국사	답안	3	3	3	5	5	4	3	1	3	4	2	1	2	4	4	5	2	5	4	3		
	정답	3	1	3	5	5	4	3	1	3	1	2	1	2	4	4	4	2	5	5	3		
	채점결과	O	X	O	O	O	O	O	O	O	X	O	O	O	O	O	X	O	O	X	O		
	정답률	B	D	B	B	D	C	C	D	C	D	C	C	D	C	B	C	B	C	D	B		

사진 3

반영과목을 모아 국어+수학+탐구가 98% 안에 들면 소위 서울에 있는 최상위 명문대에 갈수 있는 성적이라고 판단할 수 있다. 위의 학생처럼 96% 정도면 상위권에 도전해 볼 만하다. 그동안의 입시

자료로는 90% 대면 서울 안에 있는 4년제 대학교 진학이 가능한 점수로 본다. 그래서인지 성적표를 받자마자 등수와 백분위부터 살핀다. 하지만 그것만 보면 정작 가장 중요한 점을 놓치기 쉽다.

내가 가장 중요하게 강조하고 싶은 것은 사진 3의 정오표로, 우리 아이가 어떤 문제를 틀렸는지 알려준다. 예를 들어, 틀린 문제를 보면 정오표에 ×라고 되어 있고 그 밑에 A, B, C라고 쓰여 있다. 가장 주의 깊게 봐야 할 게 바로 이것이다. A는 80% 이상의 학생들이, B는 60% 이상, C는 40% 이상, D는 20% 이상, E는 20% 미만의 학생들이 맞춘 문제라는 뜻이다.

여기서 난이도 A, B를 주로 틀렸다면 기본개념부터 공부해야 함을 말한다. 선행을 시킬 때가 아니다. C도 개념을 확실히 잘 안다고 볼 수 없으므로 아이가 어려워하는 부분을 집중적으로 공부해 완전하게 이해할 수 있도록 노력해야 한다. D, E를 틀린 학생들은 교과서를 완벽히 공부한 후 기출문제를 중심으로 난이도가 높은 응용문제를 많이 풀어보는 연습을 하면 좋다.

표준점수는 난이도에 따라 높게 나오기도 하고 낮게 나오기도 한다. 하지만 백분위는 난이도에 상관없이 나의 위치를 확인할 수 있다. 백분위를 높이기 위해서는 자신이 아는 것과 모르는 것을 정확히 파악하는 게 먼저다.

모의고사 성적표는 아이의 현재 학습 실력을 알려주는 가정통신문이다. 이를 토대로 부모가 아이를 어떻게 도와주어야 좋을지 판단하는 자료로 삼아야 한다.

자기소개서에는 어떤 내용을 쓰면 될까?

요즘 JTBC에서 방영한 드라마 〈SKY캐슬〉 때문에 입시 컨설턴트에 대한 관심이 뜨겁다. 나에게도 학생부 컨설팅을 해달라는 의뢰가 자주 들어온다. 내 대답은 아주 간단하다. 그냥 아이가 할 수 있는 일만 성실하게 하면 된다는 것이다. 자기가 하고 싶은 동아리 활동을 하고 학사일정대로 성실히 노력한 과정을 설명해 내면 된다.

학부모들이 학생부 종합전형을 힘들어하는 이유는 내신 준비 외에 비교과 활동도 해야 하고 자기소개서도 준비해야 되기 때문이다. 아이는 자기소개서를 써 본 적이 없는데다 입시와 연결되니 시험만큼이나 부담스럽다.

특목고를 준비해 본 아이들은 특목고 입학을 위해 자기소개서를 진지하게 써본 경험이 있기 때문에 다소 유리할 수 있다. 담임교사는 30여 명이 넘는 학급 아이들 1인당 6개 대학만 하더라도 공통문제를 뺀 4번 문항이 다 다르므로 모든 아이들을 다 봐주기는 어렵다. 그래서 부모들은 입시 컨설턴트의 코치를 받아 자기소개서를 써야 하는 것 아니냐는 생각을 갖게 된다.

입시 현장 일선에 있던 교사로서 자기소개서는 생각보다 어렵지 않다는 말을 하고 싶다. 아이가 학교생활을 하면서 경험한 것들을 차근차근 풀어놓기만 해도 어렵지 않게 작성할 수 있다. 물론, 사람의 기억에는 한계가 있어 막상 자기소개서를 쓰려고 하면 특이사항이 잘 기억나지 않을 수 있다. 아무리 학생부를 들여다봐도 그때의 느낌과 활동내용이 잘 떠오르지 않는다. 때문에 나는 늘 1학년 야영활동을 시작으로 다녀오는 버스 안에서라도 잠깐 짬을 내 활동에 대한 기록을 수첩에 적어두라고 조언한다. 사진과 함께 다음 내용을 간략히 적어두기만 하면 된다.

▶ 핵심 활동내용

▶ 느낀 점

▶ 내 삶에 적용하기

어떤 활동이든 반드시 위의 내용 세 가지를 요약해서 적어두는 게 좋다. 특히 '내 삶에 적용하기'를 잘 쓰면 어떤 활동을 해도 모두 자신의 진로와 연관시킬 수 있다.

동아리 활동을 전공 적합성을 판단하는 근거로 보고 전공과 꼭 관련 있는 동아리에 가입해야 한다고 오해하는 학부모들이 있는데, 그렇지 않다. 무슨 동아리에서 활동했는가보다 그 동아리 활동을 통해 배우고 깨달은 점이 중요하다. 예를 들어, 의대를 희망하는 학생이라고 꼭 보건 동아리에 들어가 인공호흡을 해봐야 하는 건 아니다. 밴드 동아리 활동을 하면서 드러머로 활약해도 괜찮다. 드러머로 활약하면서 드럼이 다른 악기들과 조화를 이루며 빛나는 것을 보고 우리 몸도 모든 신체기관이 다 함께 조화를 이루는 게 중요하다는 점을 깨달았다면 좋은 것 아닌가! 또 이과라고 해서 꼭 컴퓨터 동아리를 해야 한다는 편견을 가질 필요는 없다. 오히려 융합의 시대에 걸맞게 자신의 성향과 반대되는 동아리를 해도 좋다. 그래서 나는 아이들에게 해보고 싶은 동아리에 들어가 활동하기를 권한다.

또한 대회에 참가하는 경우에는 상의 수상 여부보다 왜 참가하게 되었는지가 훨씬 더 중요하다. 대회를 치르면서 무엇을 배웠고, 그 배움을 통해 어떤 성장을 이루었는지를 설명할 수 있다면 더할 나위 없이 좋다. 상을 못 탔어도 자신의 문제점을 파악해 다음해에 재도전해서 상을 탔다면 오히려 더 좋은 평가를 받을 수도 있다.

흔히 가장 좋은 스펙이라고 생각하는 전교 학생회장도 왜 출마하게 되었는가에 대한 이유가 있어야 한다. 자신이 학생회장이 되어 어떤 변화를 이끌어내고 싶었는지를 설명할 수 있어야 한다는 말이다. 낙선했더라도 그 일을 통해 배우고 깨달은 점을 쓰면 된다. 결국 학교에서 일어난 모든 활동은 모두 좋은 스펙이고 비교과 활동인 것이다.

자기소개서는 이처럼 학교의 일상을 솔직하게 정리하면 크게 어렵지 않다. 대부분의 고등학교에서 진로시간을 통해 자기소개서 쓰는 요령을 알려주고 써보게 한다. 미리 한번 써보면 선생님들이 여유가 있을 때 충분히 검토해 줄 수가 있기 때문이다.

이 세상을 살아가려면 적어도 한 번 이상은 자기소개서가 필요하다. 그러므로 남에게 의존하지 말고 진솔한 자기소개서를 써보는 연습이 필요하다. 입학사정관들은 이구동성으로 말한다. 자기소개서 때문에 합격한 아이는 없으며, 다만 참고 자료로 삼을 뿐이라고. 그러니 자기소개서 때문에 지나치게 염려할 필요는 없다.

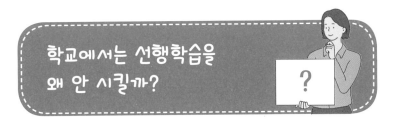

학교에서는 선행학습을 왜 안 시킬까?

부모들은 선행을 해야 학교에 가서 남들보다 더 좋은 성과를 낼 수 있다고 생각한다. 하지만 막상 교육현장인 학교에서는 선행학습에 제한을 가하고 있다.

2016년 12월 20일부터 '공교육 정상화 촉진 및 선행교육 규제에 관한 특별법'이 시행되었다. 이 법은 이름 그대로 초·중·고등학교 교육이 정상적으로 운영될 수 있도록 관련 기관의 선행교육 및 선행학습을 유발하는 행위를 규제함으로써 진정한 전인교육으로 교육의 본래 취지를 회복하자는 데 목적이 있다.

대부분의 교육청에서 초등학교 1학년 1학기에는 받아쓰기를 하지 못하도록 했는데, 그 이유를 "선행학습을 통해서가 아니라 정규 교육과정에 들어와서 한글을 체계적으로 배울 수 있도록 하기 위한 것"이라고 설명했다. 또 초등학교 1~2학년 방과 후 학교에서 영어를 가르치는 것도 이 법에 근거해 전면 금지되었다가 얼마 전

사교육이 심해지는 걸 막고자 법이 개정되면서 허용이 되었다. 영어는 초등학교 3학년부터 국가교육 과정에 포함되므로 초등학교 1~2학년의 방과 후 학교 영어수업은 특별법의 취지에 따르면 불법이 되기 때문이었다.

예전에는 중학교나 고등학교 반 배정 시험문제를 선행을 염두에 두고 출제함으로써 미리 선행을 하고 온 아이들이 유리한 위치에 있었다. 하지만 이제는 이 법에 근거하여 배우지 않은 범위에서는 시험문제를 출제할 수 없게 되었다.

이 법은 학습자가 자발적, 개인적으로 공부하는 선행학습까지 금지하는 게 아니다. 학교 시험이나 상급학교 입학전형 등에서 선행학습을 유발하는 행위를 금지하는 법이다. 방과 후 학교 과정도 선행학습을 유발하는 과목을 개설하지 못한다.

학교에서는 지필평가, 수행평가 등 시험에서 학생이 배운 교육

공교육 정상화 촉진 및 선행교육 규제에 관한 특별법 제정 배경

1) 선행학습 위주의 과도한 사교육 폐해 방지

　-학부모의 경제적 부담, 정상적인 학교 수업 방해, 전인 교육 방해

2) 학교 내 선행학습 유발행위인 교육과정 운영과 평가의 문제점 개선 근거 마련

　-선행학습(사교육 경험)을 전제로 한 학교 수업

　-교육과정을 벗어난 범위와 수준에서의 시험 출제

　-대입 전형의 논술·적성·구술시험 등에서 고교 교육과정을 벗어난 출제

과정의 범위와 수준을 벗어난 내용을 출제해 평가해서는 안 된다. 또 각종 교내 대회에서 학생이 배운 학교 교육과정의 범위와 수준을 벗어난 내용을 출제해 평가하거나, 상급학교 입학 반 배정시험에도 배우지 않은 시험문제를 출제할 수 없다.

마찬가지로 대학의 논술 및 구술면접에서 고교 교육과정에서 벗어난 내용을 출제하면 신입생 모집에 제한을 받는다. 교육부는 해마다 대입 논술과 구술면접고사에 대한 선행학습 영향평가 결과를 토대로 고교 교육과정 밖에서 문제를 낸 대학을 적발하는데, 한국교육과정평가원 선행교육 예방연구센터에 의뢰해 2018년 대학별 고사를 실시한 59개 대학 1,866개 문항에 대해 공교육정상화법(선행학습금지법) 위반 여부를 조사했고, 몇 개 대학이 걸렸다. 이 법을 어기면 교육부는 공교육정상화법 위반 대학에 대해 1차로 시정명령을 내리고, 2년 연속 적발된 대학에 대해서는 총 입학정원의 10% 이내에서 신입생 모집을 정지하는 행정처분을 내린다.

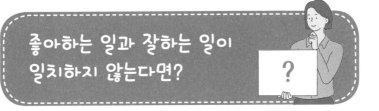

좋아하는 일과 잘하는 일이
일치하지 않는다면?

?

잘한다는 건 상대적인 평가의 개념이다. 우리 동네에서 가장 노래 잘하는 사람으로 뽑혀 가수왕이 되었더라도 더 큰 무대에 나가면 참가상조차 받지 못할 수도 있다. 잘하는 일은 상대에 따라 변수가 있으며, 자신이 잘한다고 생각하는 것일 뿐 상대적으로 보면 별로 잘하는 게 아닐 수도 있다는 말이다.

하지만 좋아하는 일은 주관적인 개념이라 쉽게 변하지 않는다. 또 좋아하는 일을 하다 보면 대체로 잘하게 된다. 나는 좋아하는 일과 잘하는 일 중 어떤 일을 하면 좋은가라는 질문에 이렇게 대답한다. 좋아하는 일이 곧 잘할 수 있는 일이므로 발전 가능성을 염두에 둔다면 좋아하는 일에 초점을 맞추는 게 좋다고 말이다.

물론, 좋아하는 일이라고 해서 아무런 갈등도 스트레스도 없는 것은 아니며, 좋아하는 일이라도 객관적인 평가를 통해 실력이 인정되어야 수입이 생기는 직업으로 연결될 수 있다. 또 아무리 좋아하는 일이라도 직업이 되면 힘들 수밖에 없다. 결국 싫어하는 일이나 좋아하는 일이나 일은 다 같이 힘들다. 하지만 좋아하는 일은 감내할 만한 마음의 여유가 있어 참고 견뎌낼 수 있다. 그렇기 때문에 열심히 하다 보면 남보다 더 잘하게 되는 게 아닐까 싶다.

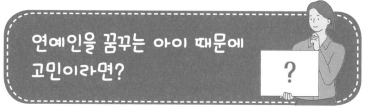

연예인을 꿈꾸는 아이 때문에 고민이라면?

"엄마, 내가 가장 잘할 수 있는 일이고, 잘하고 싶은 일이에요."

딸이 중학교 2학년일 때 연예인이 되겠다며 나에게 한 말이다. 나는 망치로 한 대 얻어맞은 것만 같았다.

예쁘장한 외모에 네 살 때 유명 아동복 모델 제안을 받은 적도 있고, 연기자나 미스코리아를 시켜보라는 사람들의 말을 많이 들었지만 우리 부부는 모두 농담으로 웃어넘겼다. 초등학교 때 공부를 아주 잘한데다 아이큐도 140이 넘어 본인이 원한다면 과학고에 도전해 볼 생각이었기 때문이다. 그런데 중학교에 들어가면서부터 아이는 다른 꿈을 꾸기 시작했고, 그 꿈을 향해 달려갔다.

딸은 우리 몰래 오디션을 보고 대형기획사에 연습생으로 뽑혔다. 그전까지 반대 입장이었던 남편은 저 나이 때 자신의 진로를 확실히 정하는 아이가 몇이나 되냐며 적극 응원으로 돌아섰다.

연예인이 되고 싶어 하는 아이들이 많다. 이런 말을 하는 아이들에게 나는 이왕이면 오디션을 보라고 권한다. 부모 입장에서 덮어놓고 말리기만 하는 것보다 아이가 자신이 관심을 가진 분야를 정확하게 체험할 수 있도록 안내자의 역할을 하는 게 낫다.

부모들은 아이가 '우등생의 일반적인 길'을 걷기 원하지만 시대가 달라졌다. 직업의 세계도 무궁무진해서 몇 년 전에는 존재하지 않던 직업도 많아졌다. 유튜버와 같은 직업으로 유명세와 경제적 부를 누릴 수 있을 거라고 누가 상상이나 했던가! 이제 부모의 시각으로 아이의 진로를 잡는 건 바람직하지 않은 시대가 되었다.

하지만 아이가 눈앞에 보이는 연예인의 화려함만을 동경하고,

그 직업이 어떤 건지 알아보지도 않은 채 무조건 좋게만 바라보면서 재능 여부를 고려하지 않는 것도 반가운 일은 아니다. 이럴 때는 그 분야 전문가의 객관적 시각이 도움이 될 수 있다. 연예인이 될 수 있다거나 아니라거나 하면서 부모와 자녀가 입씨름을 벌이기보다 오디션 한 번 보는 게 훨씬 낫다는 말이다.

우리 아이도 굳은 결심을 하고 연예인의 길을 걸었지만 생각지도 못했던 어려움이 정말 많았다. 우리나라 최고의 유명 기획사라서 연습생이 굉장히 많았는데, 10년 넘게 연습생만 하다 결국 중도하차 하는 아이들도 적지 않았다. 딸은 8년 동안의 긴 연습생 생활을 거쳐 6인조 걸그룹으로 데뷔를 했다.

대부분 '연습생=데뷔'인 줄 알지만 그룹 같은 경우는 팀원들과 조화가 맞아야 할 뿐만 아니라 좋은 곡을 받는 것도 중요하다. 그래서 우리도 중간에 회사를 한 번 옮기기도 했다. 가수 지망인 경우에는 좋은 기획사, 좋은 팀원, 좋은 프로듀서, 좋은 곡, 이 모든 구성요소가 다 갖춰져야 하며, 갖춰진다고 해도 스타가 되기까지는 그야말로 하늘의 별 따기나 마찬가지다.

가끔 학교에 'ㅇㅇ엔터테인먼트'라는 이름으로 공문이 올 때가 있다. 자세히 보면 연예기획사가 아니라 연예학원 같은 곳이다. 일단 합격했다면서 돈을 요구한다면 무조건 학원이라고 생각하면 된다. '정상적인' 연예기획사는 절대 돈을 요구하지 않는다. 오히려 회사가 돈을 들여 춤, 연기, 운동 레슨을 통해 연습생들을 훈련시켜 최상의 조건을 갖춘 후에 데뷔시킨다.

물론, 데뷔 후에 벌어들이는 돈에서 그동안 회사가 들인 비용을 제한다. 1990년대 폭발적인 인기를 누린 H.O.T도 데뷔 후 3년간 정산받은 돈이 없었다고 밝힌 바 있다. 그간 들어간 숙소비, 레슨비, 의상비, 앨범 제작비 등을 다 차감하기 때문이다. 그러다 연예인과 기획사 사이에서 비용 정산을 둘러싸고 잡음이 이는 경우도 있고, 불신이 쌓여 그룹을 탈퇴하는 경우도 있다.

고달픈 일과도 연예인들이 일상적으로 겪는 어려움 중 하나다. 배우들은 밤샘 촬영 때문에, 가수들은 여기저기 행사와 공연에 참석하느라 밤잠을 자기 힘들다. 우리 아이는 성공적인 데뷔로 신인상을 받은 그룹의 멤버였는데, 활동이 많을 때는 하루에 1~2시간도 못 자서 늘 힘들어했다.

무대에서 조명을 받는 연예인은 늘 화려하고 멋져 보인다. 그러나 수년 동안 하루 12시간 이상의 연습시간을 견뎌야 한다는 사실을 아이들은 잘 모른다. 인기가 있으면 몸이 힘들고, 인기가 없으면 마음이 힘들다. 수입이 불안정하고 대중의 기호에 좌우되는 직업이라는 점을 확실히 알아야 한다.

연예인이라는 직업의 명암을 정확하게 알고 꿈에 도전하는 것과 환상만 보고 도전하는 것에는 분명 차이가 있다. 자신의 꿈이 확고하면 어려움을 견디고 감수할 힘이 생긴다. 아이가 어떤 마음을 가지고 있는지를 헤아려 주는 게 필요하다.

기획사를 선택할 때에는 그 회사의 평판, 소속된 연예인 등을 꼼꼼하게 조사해 보고 결정하는 게 좋다. 기획사 직원의 말에 전적으로 의지하지 말고 직접 조사해야 한다. 부당한 요구를 하는 곳, 인간적으로 대우해 주지 않는 곳에는 절대 가면 안 된다. 또 연예인이 한 명도 소속되어 있지 않은 기획사는 안 가는 게 좋다.

이런 점을 잘 이해한 후 아이와 함께 대화를 나누고 오디션을 통해 객관적인 평가를 받아보는 게 가장 좋은 방법이다. 연예인으로서의 재능이 있는 아이라면 오디션에서 이를 발견할 수 있고, 재능이 없다면 다른 꿈을 찾는 데 도움이 된다. 부모의 주관적 판단보다는 전문가의 객관적인 평가를 따라야 미련도 안 남고 후회도 없다.

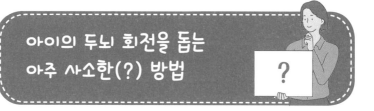

아이의 두뇌 회전을 돕는 아주 사소한(?) 방법

여러 의학박사들의 말에 의하면 밥 먹고 20~30분 정도의 낮잠을 자는 것이 두뇌 회전에 큰 도움을 준다고 한다. 그래서인지 민족사관고등학교 시간표에는 점심을 먹고 1시간 정도 낮잠을 자는 시간이 있다고 한다.

고등학교 3학년 담임을 맡아 우리 반 아이들에게 이런 통계를 설명하며 '민사고 놀이'를 해본 적이 있다. 1시간 점심시간 동안 밥을 30분 만에 먹고 나머지 시간에 명상음악을 틀어준 다음 아이들과 함께 낮잠을 잤다. 맨 처음에는 "밥 먹고 금방 자면 살쪄요.", "잠이 안 와요." 등 말이 많던 아이들이 한 달이 지나니 음악을 안 틀어줘도 습관적으로 낮잠을 잤다. 우리 옆 반은 점심을 20분 안에 해결하고 나머지 40분을 담임교사 임장지도로 자율학습을 했다. 한 반은 쿨쿨 자고 한 반은 열공 모드였던 것이다.

결과는 어땠을까? 오후 수업시간부터 밤 10시까지 이어지는 자율학습시간까지 우리 반 아이들은 집중력 있게 공부했고, 학급성적이 학년 전체에서 최고로 우수하게 나왔다. 물론, 이 결과가 무조건 '민사고 놀이' 때문이라고 할 수는 없다. 하지만 이 놀이를 할 때마다 나는 그 전보다 아이들의 집중력이 좋아졌다는 점을 체감할 수 있었다.

좋은 정보를 실생활에서 활용해 보면 좋은 결과를 낼 수 있다. 전체 학급이 함께하지 않는다면 우리 아이만이라도 학교에서 점심 먹고 난 후 15분쯤 잠깐 낮잠 자는 게 좋다고 조언해 주자.

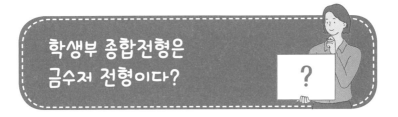

학생부 종합전형은
금수저 전형이다?

학생부 교과전형은 정량평가이다. 정량평가는 어느 정도 예측 가능하다. 내신 1.1이 내신 1.4를 받은 아이보다 공부를 잘하는 아이다. 당연히 학생부 교과전형에서는 1.1인 아이가 합격하리라는 예측이 가능하다. 그러나 수시모집에서 아이들이 가고 싶어 하는 주요 대학은 학생부 종합전형을 통해 가장 많은 학생들을 선발한다.

학생부 종합전형은 정성평가이다. 우리가 학생부 종합전형을 부담스러워하는 이유는 불확실성 때문이 아닌가 싶다. 정성평가는 여러 가지 요소를 반영하므로 딱 잘라 한마디로 합격 불합격을 말하기가 어렵다. 때문에 학부모들은 학생부 종합전형에 대한 불신과 불안감이 크다.

학생부 종합전형은 교과전형과는 달리 내신을 반영하더라도 등급보다는 표준편차를 중요시한다. 표준편차는 평균으로부터 얼마나 떨어져 있는지를 나타내는 값이다. 표준편차가 크다는 말은 평균에서 많이 흩어져 있다는 뜻이므로 대부분 일반고일 확률이 높으며, 표준편차가 작다는 말은 평균에 모여 있다는 것으로 실력이 비슷한 아이들의 집합인 특목고일 확률이 높다.

학생부 종합전형에서 특목고 5등급이 붙을 수도 있는 이유는 이 때문이다. 등급은 5등급이라도 편차가 5.6이라면 점수대가 거의 같다는 말로, 1등급이나 5등급이나 실력이 거의 비슷하다는 걸 의미한다.

학생부 종합전형이 정성평가라는 말은 이렇듯 성적도 단순히 등급만을 보는 게 아니며, 성적을 포함하더라도 발전 가능성과 학업 역량을 더한 기준으로 뽑는다는 뜻이므로 학부모들은 혼란스러울 수밖에 없다. 그러니 불안감을 조금이라도 해소하려는 차원에서 컨설팅을 받으려 한다.

하지만 가장 좋은 컨설턴트는 의외로 학교에 있다. 그 학교의 작년 졸업생이 우리 아이와 같은 점수대로 어느 학교를 갔느냐를 알아보는 게 제일 좋은 참고자료이다. 같은 학교이기 때문에 비교과 활동도 비교해 보기 쉽다. 따라서 자기 학교 전년도 졸업생의 입시 결과와 자신의 학생부를 비교해 보는 게 가장 정확할 수 있다.

고등학교에는 진로상담 선생님이 있다. 일주일에 수업을 10시간 정도 하고 나머지는 아이들의 자기소개서나 진로진학에 관한 상담을 해준다. 가장 가까이에 학생부 및 대학입시 컨설턴트가 상주하고 있는 셈이니 최대한 진로상담 선생님과 많은 대화를 나눠 필요한 도움을 받도록 하자.

학생부에 기록이 많을수록 좋다고 생각하는 부모들도 있다. 하지만 쓸데없이 길게 늘여 썼다고 좋은 게 아니다. 게다가 2019년부터는 학생부에 기록할 수 있는 글자 수가 거의 반으로 줄었다. 학생부가 몇 장인지보다 아이의 학업 역량, 전공 적합성, 인성, 발전 가능성들이 짧더라도 명확하게 드러나야만 한다. 축소된 글자 수에 맞추어 이 네 가지를 잘 관찰하고 기록하는 것이 관건이다.

또한 고등학교 3학년 담임보다는 1, 2학년 지도 선생님들의 평가 비중이 생각보다 더 크다. 3학년 선생님은 1학기 기록만 할 수 있고, 3학년이 되면 대부분 정신 차리고 열심히 노력하는 때라서 차별성이 거의 없다고들 한다. 학부모로서 걱정이 된다면 건의를 통해 고3 선생님들뿐만 아니라 전체 선생님들이 입시의 변화를 잘 숙지하고, 학생들을 잘 관찰하며, 학생부를 잘 기록할 수 있도록 교사연수를 강화시켜 달라는 요구를 하는 것이 훨씬 효과적인 방법이다.

2000년대 중반 이후 대학진학률이 80%를 넘어섰다가 70%대를 유지하고 있는 우리나라에서 대학 졸업은 더 이상 남다른 장점이 아니다. 또 배움보다 일을 먼저 선택했다가 배움의 필요성을 깨닫고 대학을 가는 방법도 여러 가지가 있다. 참고로 대입정보포털(www.adiga.kr) '대학 어디가'를 즐겨찾기에 넣어놓고 자신의 점수를 기입해 보면 점수대에 맞는 대학교를 쉽게 찾아볼 수도 있다. 모쪼록 우리 아이들 모두가 자신이 배우고 싶은 진짜 공부를 할 수 있는 환경에서 즐겁게 공부하게 되기를 진심으로 바란다.

우리 애는 착한데
친구를 잘못 사귀어서…

　학교에서 친구를 때리거나 문제 있는 행동을 했을 때 소위 징계 위원회라는 것을 열게 된다. 학년부장으로서 가장 힘든 시간이기도 하다. 마치 내가 아이들을 잘못 지도해 그런 것 같고, 여러 가지 생각으로 마음이 아픈 날이다.

　아이들의 문제는 학교에서만 지도를 잘한다고 해결되는 게 아니다. 때문에 학교에서는 학부모와 함께 앞으로 어떻게 신경 써서 지도해 나갈지 이야기하기 위해, 또 아이들의 가정 내 다른 문제는 없는지 살펴보기 위해 이때만큼은 학부모를 오시게 한다. 가끔 어떤 부모는 애가 잘못했는데 왜 나를 오라 가라 하냐며 화를 내는 분도 있다. 그래서 선생님들끼리 하는 얘기가 있다. 문제 학생 뒤에는 문제 부모가 있다고……

그날도 교내 흡연 문제 등으로 징계위원회가 열렸다. 징계위원회에 불려오게 된 대부분의 학부모들이 한결같이 하는 말이 있다. "우리 애는 착한데 친구를 잘못 사귀어서……."이다.

　그렇다. 우리 애는 착하지만 친구 엄마한테는 누구나 잘못 사귄 친구일 수 있다. 여러 명이 함께 담배를 피워 징계위원회가 열린 그날, 역시나 네 분의 부모 중 세 분은 이렇게 친구 탓을 했다. 그때 한 아빠가 일어나 담담히 자신의 생각을 말씀하셨다.

　"저는 그동안 밖에 나가서 돈만 많이 벌어다 주면 좋은 아빠인줄만 알았습니다. 그래서 야근수당을 받으려 밤에도 열심히 일을 했습니다. 그런데 오늘 이런 자리에 서서 우리 아들을 바라보니 내가 그동안 참 못난 아빠였다는 생각이 듭니다. 아이가 담배를 피워야 할 정도로 힘든 일, 고민스런 일이 뭔지 한 번도 알려고 하지 않았습니다. 돌이켜보니 너무 마음이 아픕니다. 이제부터 돈보다 아이의 마음을 읽어주는 아빠가 되도록 노력하겠습니다. 그리고 비록 좋은 일로 오지는 않았지만 이런 자리를 통해 우리 아이를 이해할 수 있게 도움 주셔서 진심으로 감사합니다."

　나는 아이의 눈에서 흘러내리는 눈물을 보았다. 아이를 사랑하는 아빠의 진심이 전해졌다. 그 후 그 아이는 몰라보게 달라졌다. 벌을 받는 동안 늘 싱글벙글하면서 열심히 화장실 청소를 했고 담배도 끊었다. 또 전과 달리 수업태도도 좋아져 선생님들로부터 칭찬이 자자했다. 결국에는 서울 명문대에 진학한 것은 물론이다.

　이 아이가 변하기 시작한 이유는 어떤 경우에도 부모가 자신을 사랑한다는 확신을 얻었기 때문이다. 마치 사랑하는 연인의 사랑을 확인하는 순간 이 세상 누구보다 행복하고 모든 일에 자신감이 생기는 것과 같다.

사춘기 아이들은 종종 잘못을 저지른다. 뭐 눈엔 뭐만 보인다고, 누군가의 지지를 받지 못하고 잔뜩 비뚤어져 있는 아이한테는 비뚤어진 친구만 좋아 보일 수밖에 없다. 우리도 기억은 잘 안 나지만 그 시절, 그런 시기를 다 거치면서 정제되고 다듬어지지 않았던가!

아이가 실수나 잘못을 하더라도 부끄럽게 생각하지 말고 너그러운 마음으로 보듬어주자. 그래야 세상은 아름답고 살 만한 곳이라는 생각이 들고, 또 좋은 친구들도 눈에 들어온다. 이 세상에서 부모가 해주어야 할 일은 아이들에 대한 사랑, 신뢰 그리고 인내뿐이다. 이런 바탕 위에서만 자녀의 성공을 기대할 수 있다. 세상 모든 일이 그렇듯 결국 마음이 편해야 공부도 잘할 수 있기 때문이다.

사람은 누구나 자신이 어렵고 힘들 때 도와준 사람이 가장 고맙다. 그 어려움이 더 클수록 고마움은 배가된다. 아이들은 자신의 잘못을 이해해주고 안타까워하며 끝까지 손을 잡아준 부모의 사랑을 절대 잊지 못한다. 우리 모두 그런 부모가 되어보자.

진짜 공부 잘하는 아이들의 비밀

집공부

초판1쇄 발행 2019년 4월 15일
초판3쇄 발행 2020년 2월 5일

지은이 손지숙
펴낸이 정광진
기획 출판기획전문 ㈜엔터스코리아

펴낸곳 ㈜봄풀출판
디자인 모아김성엽

신고번호 제406−3960100251002009000001호
신고년월일 2009년 1월 6일

주소 경기도 파주시 회동길 455−2, 4층
전화 031−955−9850
팩스 031−955−9851
이메일 spring_grass@nate.com

ISBN 978−89−93677−69−0 03370

ⓒ 2019 손지숙
이 책은 저작권자와의 계약에 따라 저작권법의 보호를 받는 저작물이므로 저자와 출판사의 허락 없이
내용의 일부 또는 전부를 발췌하거나 인용해 사용하는 것을 금합니다.

＊ 잘못 만들어진 책은 구입처에서 바꾸어 드립니다.
＊ 책값은 뒤표지에 있습니다.